NATUR IN FARBE

VÖGEL
an Seen und Flüssen

INHALT

EINLEITUNG

Die Lebensweise der verschiedenen Vogelarten übte schon immer auf Fachleute und Laien eine große Anziehungskraft aus. Dieser Band aus der Reihe NATUR IN FARBE stellt als Folgeband von VÖGEL IN GARTEN UND FELD und VÖGEL IN WALD UND GEBIRGE die Vogelarten vor, die an Binnengewässern, in Sümpfen oder auf Wiesen in Wassernähe leben. Manchem der genannten Vögel kann man allerdings auch an der Meeresküste begegnen. Andererseits kommen viele Meeresvögel, vor allem in den Wintermonaten, in das Binnenland, wo sie sogar in einzelnen, seltenen Fällen nisten. Diesen Vögeln ist ein besonderes Kapitel gewidmet.

In der Nähe von Binnengewässern findet man natürlich auch Vogelarten, die normalerweise in andere Biotope eingereiht sind, zum Beispiel die Bachstelze, die Wacholderdrossel, den Turmfalken und den Kuckuck. Manche Vögel kommen außerhalb ihres normalen Biotops auch in anderen Gebieten vor, zu bestimmten Jahreszeiten sogar regelmäßig und in großer Zahl, zum Beispiel die Rauchschwalbe, die im Herbst in großen Schwärmen im Röhricht von Teichen und Seen übernachtet.

In dem einführenden Kapitel lernt der Leser die Form und Oberfläche des Vogelkörpers und die Lebensweise der Vögel kennen. Besondere Beachtung finden die Vögel, die sich in der letzten Zeit öfter an neuen, südlich oder nördlich von ihren ursprünglichen Niststätten gelegenen Stellen niedergelassen haben, und die Vögel, die zur Zeit des Zugs oder im Winter regelmäßig auf Binnengewässern auftreten. Der Leser erfährt auch viel Interessantes über die Jagdvögel der Gewässer und über den Schutz der Wasservögel.

Die Illustrationen der einzelnen Vogelarten im Bildteil

zeigen das Männchen in der Regel im Hochzeitskleid. Wenn bei manchen Arten Männchen und Weibchen verschieden gefärbt sind, sind beide Partner dargestellt, wobei die Männchen mit ♂ und die Weibchen mit ♀ bezeichnet sind. Außerdem werden noch ein typisches Ei in Farbe und das Nest als Federzeichnung abgebildet.

Alle wildlebenden, nicht jagdbaren Vogelarten sind in der Bundesrepublik Deutschland nach der Bundesartenschutzverordnung vom 1. 1. 1987 besonders geschützt, mit Ausnahme der verwilderten Haustaube.

Die gem. § 2 des Bundesjagdgesetzes zu den jagdbaren Vogelarten zählenden Vögel sind im Bildteil bezeichnet, und besonders gekennzeichnet sind die in der ROTE LISTE DER BESTANDSGEFÄHRDETEN VOGELARTEN IN DER BUNDESREPUBLIK DEUTSCHLAND aufgeführten Vögel.

FORM UND OBERFLÄCHE DES KÖRPERS DER WASSERVÖGEL

Die Wasservögel sind ihrer Lebensweise auf dem Wasser durch den Bau ihres Körpers, ihrer Gliedmaßen, des Schnabels und Gefieders angepaßt.

Der größte Teil der Körperoberfläche der Vögel ist mit Federn bedeckt, die auf bestimmten Körperpartien, den sogenannten *Federfluren,* wachsen. Die ungefiederten Stellen nennt man *Raine,* die aber von den Federn verdeckt sind. Man kann sie also nicht sofort als „kahle Stellen" erkennen. Die *Konturfedern* bestimmen den Körperumriß eines Vogels, dazu gehören vor allem die *Flügel-* und *Steuerfedern.*

Bei den Entenvögeln sind die Flügel im Ruhezustand in taschenartigen Federgebilden versteckt, wo sie gut gegen Durchnässen geschützt sind. Unter den Konturfedern liegen weiche *Daunenfedern,* die – besonders bei manchen Wasservögeln – eine wichtige Rolle beim Nisten spielen.

Pflege des Gefieders

Die Federn der Wasservögel sind sehr dicht und liegen gut an dem Körper an.

Sie müssen außerdem stark gefettet sein, um ein Durchnässen zu verhindern. Die Aufgabe erfüllt die über dem Schwanz liegende Bürzeldrüse *(glandula uropygii),* die vor allem bei den Enten und Lappentauchern stark entwickelt ist. Die Entenvögel verteilen das Sekret der Bürzeldrüse mit dem Schnabel über die gesamte Körperoberfläche. Die Kopffedern werden durch Reiben des Kopfes gegen die Rückenfedern eingefettet. Auf diese Weise imprägnieren die Vögel ihr gesamtes Gefieder. Die mehrmals täglich durchgeführte Durchfettung der Federn ist jedoch keineswegs die einzige Pflege des Gefieders. Die Wasservögel müssen die Federn und auch ihre Haut regelmäßig stark anfeuchten, um ein Rissigwerden der Haut und das Austrocknen der Federn zu verhindern. Deshalb baden sie mehrmals am Tag und reinigen anschließend ihr Gefieder sehr gründlich. Enten und Gänse verrichten diese Arbeit in Gruppen, dabei plustern sie die Federn und schlagen mit den Flügeln auf die Wasseroberfläche. Manchmal tauchen sie auch ganz unter. Solche „Badespiele" kann man zum Beispiel gut bei der Hausgans beobachten. Die Gänse schwimmen ruhig auf dem Wasser, plötzlich breitet eine Gans ihre Flügel aus, schlägt damit auf die Wasseroberfläche und taucht dicht unter die Oberfläche, obwohl die Gänse eigentlich nicht zu den Tauchvögeln gehören. Auf dieses Verhalten einer einzigen Gans reagieren in der Regel alle anderen der Gruppe. Sie fangen auch an zu tauchen, mit den Flügeln zu schlagen, Wasser zu verspritzen und die Federn zu sträuben. Nach kurzer Zeit beruhigt sich der Schwarm. Wenn das gründliche Bad beendet ist, verlassen die Vögel das Wasser, schütteln sich und drükken mit dem Schnabel das Wasser aus den Federn. Enten bewegen außerdem ihre halbausgebreiteten Flügel, um durch den Luftzug die Federn zu trocknen. Wenn die Federn trocken sind, plustern die Enten das Gefieder auf, fetten es ein und glätten es wieder. Dieses natürliche und notwendige Verhalten von Enten und anderen Wasservögeln muß man bei der Zucht in Gefangenschaft berücksichtigen. Die Vögel müssen reines Wasser zur Verfügung haben, sonst würden sich die Federn innerhalb von wenigen Tagen verkleben und sich entfetten. Mit entfettetem Gefieder sind die Wasservögel, wenn sie später wieder das Wasser aufsuchen, stark gefährdet. Das Gefieder wird völlig durchnäßt und schwer, und es kann vorkommen, das auch Wasservögel dadurch vor Erschöpfung regelrecht ertrinken.

Die Jungen der Wasservögel müssen ebenfalls regelmäßig, mindestens einmal täglich, baden. Die Jungen haben aber noch keine funktionsfähige Fettdrüse, denn die Bür-

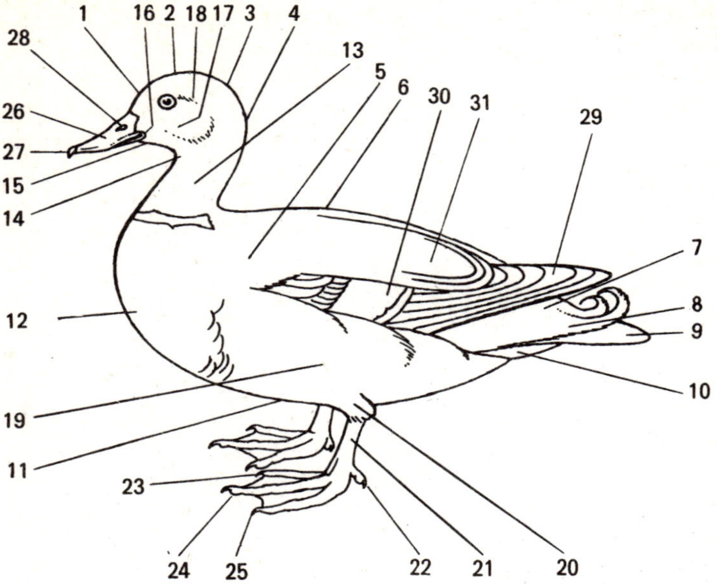

Abb. I. Topographie der Oberfläche des Vogelkörpers:
1 Stirn 2 Scheitel 3 Hinterkopf 4 Genick 5 Vorderrücken 6 Rücken 7 Bürzel 8 Oberschwanzdecken 9 Steuerfedern 10 Unterschwanzdecken 11 Bauch 12 Brust 13 Hals 14 Kehle 15 Kinn 16 Zügel 17 Wangen 18 Ohrgegend 19 Seite des Körpers 20 Wade 21 Lauf 22 Hinterzehe 23 Innenzehe 24 Mittelzehe 25 Außenzehe 26 Schnabel 27 Nagel 28 Nasenlöcher 29 Handschwingen 30 Armschwingen 31 Schulterfedern

zeldrüse beginnt erst dann mit der Fettabsonderung, wenn die Konturfedern wachsen. Die Daunenfedern der jungen Enten, Gänse oder Lappentaucher wären allerdings sehr rasch durchnäßt und müssen deshalb von den Altvögeln eingefettet werden. Die Jungen kriechen deshalb unter das Gefieder der Eltern, die sich während dieser Zeit besonders stark einfetten. Auf diese Weise gelangt das Fett auch auf die Daunenfedern der Jungen, und da ihnen die Einfettungsbewegungen angeboren sind, verteilen sie selbst das Fett der Mutter gleichmäßig auf ihren ganzen Körper. Aus diesem Grund darf man den Jungen von Enten und Gänsen, die ohne Mutter aufgezogen werden, in den ersten Tagen der Gefangenschaft nur sehr seichte Wasserbecken mit flachen Steinen zum Plantschen geben, um den durchnäßten Jungen zu ermöglichen, das Becken leicht zu verlassen und wieder auf festen Boden zu gelangen. In tiefem Wasser darf man die Jungen ohne Aufsicht erst dann schwimmen lassen, wenn die Bürzeldrüse ihre Funktion voll aufgenommen hat.

Unter den Konturfedern der Enten und Gänse liegt eine starke Schicht Daunenfedern, die als Wärmeisolation dienen. Während der Nistzeit reißen die Weibchen die Daunenfedern aus der Bauchgegend aus und polstern damit vor allem den Rand des Nistkessels aus. Wenn sie das Nest verlassen, decken sie die Eier mit diesen Daunenfedern zu und verhindern so das rasche Auskühlen des bebrüteten Geleges.

Die Mauser

Das Federkleid der Vögel erneuert sich regelmäßig während der sogenannten Mauser. Die alten, abgenützten Federn werden von neuen, die an ihrer Stelle wachsen, hinausgeschoben und fallen aus. Während bei der Mehrzahl der Vögel, zum Beispiel bei den Singvögeln, Tauben und Hühnervögeln, die Flügel- und Steuerfedern nicht gleichzeitig, sondern nach und nach ausgewechselt werden, um die Flugfähigkeit nicht zu beeinträchtigen, fallen die Federn vieler Wasservögel, zum Beispiel der Enten, Gänse oder Rallen, gleichzeitig aus und die Vögel verlieren dadurch für eine Zeit von meistens 3 bis 7 Wochen ihre Flugfähigkeit. Während dieser gefährdeten Zeit müssen sie sich im Röhricht versteckt halten. Die Federn der Schwingen fallen jedoch nicht bei allen Exemplaren derselben Art gleichzeitig aus. So mausern die Erpel, die sich nicht um ihre Jungen kümmern, früher als die Weibchen, die erst dann mausern, wenn die Brutpflege beendet ist. Im Gegensatz dazu mausert bei den Schwänen, bei denen beide Partner die Jungen betreuen, zuerst das Weibchen. Während dieses Zeitraums verteidigt das Männchen bei dem die Mauser erst später eintritt, die Jungen. Die neuen Schwingen wachsen den Eltern zur gleichen Zeit wie den Jungen. Deshalb kann die ganze Familie gemeinsam den Zug nach Süden antreten.

Geschlechtsdimorphismus

Bei manchen Vogelarten unterscheidet sich das Männchen auffallend vom Weibchen durch eine andere Farbe des Federkleids. In diesem Fall spricht man von Geschlechtsdimorphismus, der bei den Wasservögeln besonders bei den Enten und Halbgänsen entwickelt ist. Die Männchen der Gänse, Schwäne oder Möwen sind gleich gefärbt wie die Weibchen.

Manche Vögel wechseln im Verlauf des Jahres ihre Färbung, d. h. sie mausern zweimal, und zwar einmal vollkommen und einmal nur zum Teil. Das ist zum Beispiel bei den Enten der Fall, die im Frühjahr sowohl ihre kurzen Federn als auch die Flügelfedern wechseln. Der Erpel verliert zu dieser Zeit sein Hochzeitskleid und ähnelt dann dem Weibchen. Die neu wachsenden Flügelfedern des Erpels sind bereits wieder anders gefärbt und bilden ein auffallendes und wichtiges Unterscheidungsmerkmal. Ein zweites Mal mausern die Enten im Herbst. Dabei verlieren sie nur die kürzeren Konturfedern, während die Federn der Schwingen nicht ausfallen. Den Erpeln wächst wieder das bunte Hochzeitskleid, das sie dann bis zur nächsten Mauser im Frühjahr tragen. Die Mauser verläuft bei manchen Exemplaren rascher, bei manchen langsamer, so daß man im Herbst bei einer Art gleichzeitig sowohl voll gefärbte

Erpel als auch solche finden kann, deren Mauser noch nicht beendet ist.

Wieder andere Wasservögel haben ein unterschiedlich gefärbtes Winterkleid, zum Beispiel eine Reihe von Regenpfeifervögeln. Eine besonders auffallende Veränderung tritt bei den Kampfläufern ein. Die Männchen dieser Vogelart haben ein sehr buntes Hochzeitskleid, vor allem die breiten bunten „Halskrausen" die ihnen im Frühjahr wachsen. Die bunte Färbung und die langen Krausenfedern verlieren sie wieder im Sommer, und bis zum Herbst wachsen ihnen neue Federn, die in ihrer Färbung der des Weibchens ähneln.

Das Hochzeitskleid einiger Lappentaucherarten ist ebenfalls sehr bunt. In diesen Fällen sind allerdings Männchen und Weibchen auffallend bunt gefärbt. Der Haubentaucher hat zu dieser Zeit am Kopf einen breiten „Kragen".

Bei der Lachmöwe unterscheidet man Hochzeitskleid und gewöhnliches Gefieder außerhalb der Nistzeit. Im Winter verlieren die Lachmöwen die schokoladenbraune Farbe ihrer Köpfe, die dann völlig weiß sind. Bei der Frühjahrsmauser wächst ihnen wieder das typische bräunliche Kopfgefieder. Auch manche Reiherarten, zum Beispiel der Nachtreiher, haben ein buntes Hochzeitskleid.

Die Füße der Wasservögel haben ihrer Lebensweise angepaßte besonders entwickelte Formen. Typisch ist der Fuß der Gänsevögel, zum Beispiel der Schwäne, Gänse oder Enten. Die drei nach vorne gerichteten Zehen tragen eine breite Schwimmhaut, die vierte, nach hinten gerichtete Zehe ist etwas höher angesetzt als die vorderen Zehen. Beim Schwimmen bewegen die Vögel die Beine abwechselnd. Bei der Ruderbewegung nach hinten sind die Zehen mit der Schwimmhaut gespreizt, bei der Bewegung nach vorn ist die Schwimmhaut gefaltet und die Zehengelenke sind nach hinten abgebogen, um die Fläche des Fußes und damit den Widerstand zu verkleinern. Anders arbeiten die Füße beim Tauchen, zum Beispiel bei den Tauchenten. Da das spezifische Gewicht der Ente geringer ist als das des

Wassers, muß sie beim Tauchen den Auftrieb überwinden. Bevor sie taucht, atmet sie aus und drückt die Federn fest an den Körper, um auch aus dem Gefieder die Luft hinauszupressen. Dann stößt sie sich jäh mit beiden Füßen aus dem Wasser hoch und stürzt dann kopfüber ins Wasser, wobei sie die Füße oberhalb des Schwerpunkts hält.

Es ist interessant, daß die Jungen an sich nicht tauchender Entenarten gut tauchen können und bei Gefahr unter der Wasseroberfläche zu entkommen versuchen. Bei unmittelbar drohender Gefahr tauchen auch erwachsene Exemplare sonst nicht tauchender Vögel. So taucht in diesen Fällen zum Beispiel die Rote Kasarka und legt unter Wasser einige Meter zurück. Diese sonst nicht tauchenden Arten schwimmen aber ganz dicht unter der Oberfläche.

Die Lappentaucher sind ihrer ständigen Lebensweise auf dem Wasser gut angepaßt, sie können ausgezeichnet und sehr tief tauchen. Schon die einen Tag alten Jungen sind fähig zu tauchen. Wenn die Lappentaucher schwimmen, liegen sie tief im Wasser und sind imstande, ihren Tiefgang bei Gefahr noch zu vergrößern. Aus dieser Lage können sie blitzschnell untertauchen. Sie können bis zu einer Minute unter Wasser bleiben und in dieser Zeit eine Entfernung bis zu fünfzig Meter zurücklegen. Im Unterschied zu den Gänsevögeln haben die Lappentaucher aber keine zusammenhängende Schwimmhaut, ihre drei Vorderzehen tragen nur einen breiten Schwimmsaum.

Die Rallen, zum Beispiel das Bleßhuhn, die den größten Teil ihres Lebens auf dem Wasser verbringen, haben an den Zehen gleichsam ausgeschnittene Schwimmsäume. Andere Rallenarten haben verhältnismäßig hohe Läufe mit langen Zehen, die dem Herumlaufen auf den Halmen oder Blättern von Wasserpflanzen angepaßt sind. Ihr Körper ist außerdem seitlich stark abgeflacht, um das Durchdringen von dichtem Röhricht oder anderer üppiger Pflanzenbestände zu erleichtern. Alle Rallen können natürlich schwimmen.

Die Mehrzahl der Limikolen ist dagegen dem Leben an den Ufern von Gewässern, an seichten Stellen, in Sümpfen und Mooren angepaßt. Manche Arten leben auch in trokkenen, weit vom Wasser entfernten Gegenden. Diese verhältnismäßig kleinen Vögel haben im Verhältnis zu ihrer Körpergröße ziemlich lange Beine. Die meisten Arten haben freie Zehen, nur einige tragen an der Wurzel der Zehen eine kleine Schwimmhaut, zum Beispiel der Säbelschnäbler. Die Wassertreter haben, ähnlich wie die Bleßrallen, einen häutigen Saum an den Zehen. Die Wassertreter halten sich meistens auf der Wasseroberfläche auf, wo sie ihre Nahrung suchen. Die Mehrzahl der Regenpfeifervögel lebt dagegen vorwiegend an seichten Stellen in Ufernähe oder auf feuchten Wiesen am Rand von Gewässern.

Sehr hohe Läufe haben die Watvögel, zu denen die Reiher, Störche, Ibisse und Löffler gehören. Manche Arten, zum Beispiel der Storch oder der Fischreiher, können auch in tieferem Wasser stehen und jagen. Watvögel suchen ihre Nahrung allerdings auch auf dem Trockenen.

Möwen, Raubmöwen und Seeschwalben haben ebenfalls gut entwickelte Schwimmhäute und schwimmen geschickt auf der Wasseroberfläche. Sie haben nicht so einen großen Tiefgang wie zum Beispiel die Enten. Ihre sehr langen Flügel zeigen, daß sie sich hauptsächlich in der Luft aufhalten.

Auch ein Raubvogel unter den Wasservögeln, der Fischadler, hat seiner Lebensweise angepaßte Zehen. Er hat eine gut entwickelte Wendezehe. Beim Fischfang faßt er sein Opfer mit je zwei gegenüberstehenden Zehen, die außerdem sehr lange gekrümmte Krallen tragen.

Auch der Schnabel vieler Wasser- und Sumpfvogelarten hat eine besondere Form, je nachdem, wie sie sich ihre Nahrung verschaffen. Die Gänsevögel haben an der Schnabelspitze den typischen „Nagel“, d. h. ein horniges Plättchen. Die Ränder der beiden Schnabelkiefer tragen hornige Kerben. Bei den Gänsen sind die Kerben sehr hart, aber kürzer und dienen zum Abzwicken von Pflanzenteilen, die ihre Hauptnahrung bilden. Bei den Enten dienen die Kerben zum Durchseihen der Nahrung. Die

Ente matscht nämlich mit ihrem Schnabel im Wasser oder Schlamm und bewegt dabei die Zunge derart, daß ein gewisser Unterdruck im Schnabel entsteht. Die Ente saugt auf diese Weise Wasser mit kleinen Krustentieren und Würmern auf, das sie im Schnabel durchseiht, wobei die Nahrung an den Kerben hängen bleibt. Mit ihrer empfindlichen Zunge identifiziert die Ente die Nahrung, Wasser und Schlamm fließen an den Seiten des Schnabels wieder ab. Die Kiefer tragen meistens viele dieser Kerben. Die Löffelente hat zum Beispiel im Oberkiefer bis einhundertachtzig. Die Säger haben einen schmalen und langen, mit scharfen hakigen Kerben versehenen Schnabel, der das sichere Fassen kleiner Fische ermöglicht. Den jungen Vögeln wachsen diese hornigen Gebilde im Alter von etwa einer Woche.

Schnabelformen

Die Reiher haben einen langen und spitzen Schnabel, den sie oft wie eine Harpune benutzen. Sie schlagen den Schnabel plötzlich vor und spießen ihre Beute auf. Der lange spitze Schnabel dient den Reihern auch als Waffe gegen ihre Feinde. Sie versetzen ihnen gefährliche und gezielte Schläge.

Die Störche haben ebenfalls einen langen, geraden und zugespitzten Schnabel. Die Ibisse dagegen haben einen sichelförmig gekrümmten Schnabel, mit dem sie ihre Nahrung sammeln. Eine besondere Schnabelform haben die Löffler. Ihr Schnabel ist lang und gerade, die Schnabelenden sind abgeflacht und schaufelartig verbreitert. Die Löffler arbeiten mit ihrem Schnabel bei der Nahrungssuche an seichten Stellen im Schlamm oder Wasser ähnlich wie die Enten.

Der Schnabel der Lappentaucher ist verhältnismäßig lang, an der Spitze sehr scharf und dem Fischfang angepaßt.

Die Limikolen haben bis auf Ausnahmen einen ziemlich

langen Schnabel, mit dem sie ihre Nahrung in tiefem Wasser oder Schlamm oder auf sumpfigen Wiesen sammeln können. Einen besonders ausgebildeten Schnabel haben die Austernfischer; er ist sehr stark, verhältnismäßig lang und seitlich etwas abgeflacht. Die Vögel öffnen mit dem Schnabel die Schalen von Seemuscheln, oder sie stechen mit ihm tief in den Sand oder Schlamm und sammeln Würmer, Krusten- und Weichtiere. Die Regenpfeifer haben im Unterschied zu anderen Limikolen einen relativ kurzen Schnabel.

Einen sehr langen Schnabel haben die Schnepfenvögel; er ist am besten der Nahrungssuche angepaßt, denn seine Spitze trägt Tastkörperchen, so daß die Vögel ihre Beute in tiefem Schlamm finden können ohne sie zu sehen. Sie können ihren Schnabel auch tief im Schlamm ein wenig öffnen.

Die Brachvögel haben einen langen, säbelartig gekrümmten Schnabel. Die Säbelschnäbler fangen ihre Nahrung, vor allem Krustentiere, in seichtem Wasser mit ihrem langen und schmalen, nach oben abgebogenen Schnabel. Sie bewegen dabei den Schnabel seitwärts, wirbeln auf diese Weise das Wasser auf und fangen dann ihre kleinen Opfer sehr geschickt.

Die Möwen haben sehr scharfe, am Ende hakenförmig gekrümmte Schnäbel, die von ihrer räuberischen Lebensweise zeugen. Die Seeschwalben haben dünne, gerade und spitze Schnäbel, die sie äußerst geschickt beim Fischfang einsetzen.

Man unterscheidet auch unter den Wasservögeln drei Gruppen:

1. Standvögel verlassen ihr ganzes Leben lang ihre Heimat nicht und halten sich auch im Winter dort auf.

2. Strichvögel halten sich nach dem Nisten in der weiteren Umgebung ihrer Nistreviere auf, oft Hunderte Kilometer von ihren Heimstätten entfernt.

3. Zugvögel ziehen regelmäßig jedes Jahr, meistens im Herbst, in ihre weiter südlich gelegenen Winterquartiere (auf der südlichen Halbkugel fliegen die Vögel in nördlicher Richtung) und kehren im Frühjahr zur Nistzeit wieder zurück.

Bei einzelnen Vogelarten kommen jedoch verschiedene Populationen vor, von denen einige zu den Standvögeln, andere zu den Strich- oder zu den Zugvögeln gehören. Unter den Wasservögeln fällt in diese Gruppe zum Beispiel die Stockente. In manchen Teilen Europas können die Vögel einer Art Standvögel sein, was oft bei den in West- und Südwesteuropa nistenden Populationen der Fall ist, während Exemplare derselben Art aus Nordeuropa zu den Zugvögeln gehören, zum Beispiel die Reiherente. Bei manchen Vogelarten ziehen die Populationen aus dem Norden vor Einbruch des Winters südlicher, zum Beispiel nach Mitteleuropa, während die mitteleuropäischen Populationen derselben Art nach Südeuropa ziehen, wie wir es beispielsweise bei einigen Entenarten kennen. Manchmal fliegen auch Vögel, die in bestimmten Gebieten Standvögel sind, plötzlich in großen Schwärmen nach dem Süden oder Südwesten. Man spricht in diesen Fällen von Invasionsvögeln. Zu ihnen gehören unter anderen der Tannenhäher und die Waldohreule.

Die europäischen Zugvögel ziehen in drei Hauptrichtungen: südwestlich, südlich und südöstlich. Die Richtung hängt von der Lage der Nistplätze der einzelnen Arten und Populationen ab. Hinflug und Rückflug aus den Winterquartieren müssen nicht unbedingt auf derselben Route erfolgen. Manche Arten wählen bei ihrem Zug in die Winterquartiere manchmal den längeren Weg entlang der Meeresküste, und im Frühjahr kehren sie direkt über Mitteleuropa nach Norden zurück.

Bei vielen Vogelarten verläuft der Zug auf einer breiten Front, die sich jedoch an manchen Stellen stark verengt, wenn zum Beispiel ein Hindernis (Hochgebirge) auftaucht. Die Vögel suchen dann günstige Stellen wie Pässe oder Flußtäler, die ihnen das Überfliegen erleichtern. An diesen Stellen kommt es dann zu einer starken Konzentration. Auch Meerengen überfliegen die Vögel meistens gemeinsam in riesigen Schwärmen.

Vögel, die durch ihre Lebensweise an Gewässer gebunden sind, folgen meistens Flußläufen, wählen Seen- oder Teichlandschaften oder ziehen an der Meeresküste entlang.

Viele europäische Vögel überwintern bereits in West- oder Südwesteuropa, oder auch im Mittelmeergebiet. Unter den Wasservögeln gehört in diese Gruppe zum Beispiel die Reiherente. In West- und Südwesteuropa überwintern auch die Graugans, die Spießente und die Pfeifente. Nach Afrika in die Winterquartiere ziehen die Schnatterente, die Krickente, die Knäkente und auch die Löffelente. Einzelne Exemplare dieser Entenarten aus Populationen der nördlichen Gebiete überwintern jedoch in den letzten Jahren auch in Mitteleuropa, zum Beispiel die Reiherente und die Krickente. Die Mehrzahl der europäischen Entenvögel zieht also in südwestlicher Richtung. Die in Island nistenden Populationen der Graugans ziehen allerdings direkt nach Süden und überwintern in England.

Auch andere Vogelarten ziehen in südwestlicher Richtung, zum Beispiel der Fischreiher, der in Südwest-, manchmal in Mitteleuropa, aber auch in Nordafrika überwintert. Andere Reiher, zu denen der Nachtreiher oder die

Zwergrohrdommel gehören, ziehen bis nach Äquatorialafrika.

In Ost- und auch in Südafrika überwintert der Weiße Storch. In seine Winterquartiere zieht er aus Europa vor allem in zwei Richtungen, südöstlich und südwestlich, nur vereinzelt auch direkt südlich. Die westlichen Populationen ziehen über Spanien und Marokko, die östlichen in südöstlicher Richtung über den Bosporus und Kleinasien nach Afrika und setzen ihre Reise vor allem dem Nil entlang fort, wo der Hauptzug der Störche verläuft. In dem Gebiet zwischen Elbe und Rhein leben Populationen, die bei ihrem Zug beide Hauptrichtungen benutzen. Während des Herbstzugs legt der Weiße Storch täglich etwa 100 bis 120 km zurück, auf der Rückreise im Frühjahr liegt der Tagesdurchschnitt bei etwa 150 km.

Der Zug der meisten Vögel geht nicht sehr rasch vor sich. Sie fliegen in der Regel nur einige Stunden am Tag. Es sind jedoch Fälle bekannt, daß besonders Seeschwalben und Regenpfeifervögel erheblich größere Entfernungen täglich bewältigten. Der Zug aus den Winterquartieren zu den Niststätten erfolgt meistens um ein Drittel schneller als der Herbstzug, da die Vögel vom Nisttrieb zur Eile angespornt werden. Aber auch dann kann der Zug durch schlechte Witterungsverhältnisse, zum Beispiel Schneestürme, verzögert werden. Im allgemeinen schwankt jedoch die Zeit der Rückkehr bei den meisten der Vogelarten nur unwesentlich.

Manche Vogelarten ziehen in Schwärmen, zum Beispiel Gänse, Kormorane, Entenvögel, Kraniche, Limikolen und weitere; manche von ihnen, zum Beispiel Kraniche und Wildgänse, fliegen in Formationen, die für sie typisch sind. Andere Vogelarten ziehen einzeln; hierher gehören der Kuckuck und der Pirol.

Der Zug ist ein angeborener Trieb, auch dann, wenn die Vögel – und das auch junge Vögel – ohne die Begleitung alter erfahrener Exemplare ziehen wie der Kuckuck oder Rotrückenwürger. Bei anderen Vogelarten, bei denen die Jungen, die zum erstenmal ziehen, gemeinsam mit den

Altvögeln fliegen, haben es die Jungen leichter, da sie von den erfahrenen Altvögeln geführt werden, die den Zug hin und zurück bereits wenigstens einmal absolviert haben.

Orientierung beim Vogelzug

Bei ihrem Zug orientieren sich die Vögel mit Hilfe des Gesichtssinns und richten sich vor allem nach dem Stand der Sonne, nachts nach dem Stand des Mondes und der Sterne. Es gibt auch Theorien, die davon ausgehen, daß wenigstens manche Vögel imstande sind, sich nach der Erdgravitation oder nach dem magnetischen Feld der Erde zu orientieren. In der Nähe des Nests und seiner Umgebung richten sich die Vögel hauptsächlich nach ihrem Ortgedächtnis.

NISTEN UND NISTGEWOHNHEITEN

Nach Rückkehr zu ihren Niststätten, bei manchen Vogelarten bereits im Winterquartier oder während des Frühjahrszugs, bilden sich Paare und es beginnt die Balz, die bei den einzelnen Vogelarten verschieden zum Ausdruck kommt. Die Vögel geben dabei besondere Laute von sich. Man kann bei ihnen auffallende, ja akrobatische Flüge, heftige Bewegungen der Flügel und des Kopfes beobachten. Manche Wasservögel tauchen auch bei der Balz. Typisch ist zum Beispiel die Balz der Weißen Störche, bei der die Partner laut mit den Schnäbeln klappern und dabei den Kopf nach hinten bis auf den Rücken legen. Auf eine charakteristische Art verläuft die Balz auch bei den Haubentauchern: Die Partner schwimmen aufeinander zu, rekken die Hälse und schütteln heftig die Köpfe, dann richten sie sich Brust an Brust im Wasser auf, wobei sie manchmal Wasserpflanzenteile im Schnabel halten. Interessant ist die Balz der Kraniche, die mit lautem Trompeten umher- und hochspringen, mit den Flügeln schlagen und dann wieder in Kreisen herumlaufen. Ihre Balz erinnert an einen harmonischen Tanz. Das Männchen des Kormorans sitzt auf dem Nest, hebt den Schnabel und den Schwanz steil nach oben, zuckt mit den Flügeln, und sobald sich ihm ein Weibchen nähert, legt es jäh den Kopf auf den Rücken und gibt hohl klingende Laute von sich. Das Weibchen nähert sich ihm mit aufgeblähtem Kropf, es plustert die Kopffedern auf und läßt röchelnde Töne hören. Die Reihermännchen richten sich bei der Balz hoch auf, sträuben das Gefieder und schnappen mit geöffneten Schnäbeln ins Leere. Balzende Schwäne schwimmen aufeinander zu und tauchen in unmittelbarer Nähe des Partners ihren Hals ins Wasser, wobei sie manchmal auch die Hälse gekreuzt halten. Die Balz der Enten ist in der Regel ebenfalls sehr auffallend. Bei manchen Arten schwimmen Männchen und Weibchen umeinander herum, tauchen, zucken heftig mit den Köpfen, stecken oft den Schnabel ins Wasser, dann richten sie sich jäh auf, breiten die Flügel aus und recken ihre Hälse auf der Wasseroberfläche vor. Bei den Entenvögeln findet man die verschiedensten Formen der Balz. Bei manchen Arten, zum Beispiel bei den Schellenten, biegen die Männchen in einer Phase der Balz den Kopf jäh auf den Rücken ab, machen dann zuckende Kopfbewegungen und spritzen mit den Beinen heftig Wasser hinter sich.

Sehr bekannt ist die Balz der Kampfläufer. Die Männchen, die zur Zeit der Balz breite Federhalskrausen haben, bekämpfen sich symbolisch, wobei sie ihre bunten Halskrausen sträuben. Die Männchen der Bekassinen steigen hoch in die Luft und lassen sich dann jäh mit ausgebreiteten Schwanzfedern zu Boden gleiten. Bei diesem Sturzflug kann man weit hörbare meckernde Laute vernehmen, die durch Schwingungen der gesträubten Schwanzfedern im Luftstrom verursacht werden.

Auch die Möwen haben eine besondere Art der Balz. Die Partner stehen einander gegenüber, heben die Köpfe hoch, öffnen die Schnäbel und lassen ihre Stimme laut ertönen. Dann lassen sie die Flügel hängen, sträuben die Schwanzfedern, verneigen sich und treten von einem Bein auf das andere.

Jede Vogelart hat ihre typische Balzweise. Bei manchen Arten ist die Balz sehr ausdrucksvoll und von weitem erkennbar, bei anderen Arten verläuft sie im ganzen unauffällig.

Das Nistrevier oder Nistterritorium

Vor dem Nisten besetzen die Vögel ein begrenztes Gebiet, das man *Nistrevier* oder *Nistterritorium* nennt. Dieses Revier verteidigen sie gegen jeden Eindringling, vor allem der eigenen Art. Die Singvögel machen ihr Recht auf ein bestimmtes Nistrevier auf eine typische Weise, nämlich durch ihren Gesang, bekannt, Eulen durch ihr Heulen, die Kuckucksmännchen mit ihrem Kuckucksruf. Manche Vogelarten nisten in Kolonien, und bei diesen Vögeln besteht dann ihr Nistrevier lediglich aus dem Nest und seiner allernächsten Umgebung. Unter den Wasservögeln gibt es viele gesellig lebende Arten, die oft zahlenmäßig starke Kolonien bilden. Man findet auch gemischte Kolonien, die von Vögeln mehrerer Arten gebildet werden. So nisten zum Beispiel die Fischreiher oder die Nachtreiher nicht nur in Kolonien mit der eigenen Art, sondern manchmal auch in gemischten Kolonien, in denen man auch Löffler, Kormorane und andere Vogelarten finden kann. Dicht besiedelte Kolonien bilden die Möwen. Je nach den Nistmöglichkeiten und der Anzahl der Paare in einer Kolonie liegen ihre Nester dicht nebeneinander oder sind einige Meter weit voneinander entfernt. Direkt in Möwenkolonien oder in ihrer unmittelbaren Nähe findet man manchmal auch kleinere Kolonien anderer Vögel, zum Beispiel mancher Seeschwalbenarten, die sich in der Nähe ihrer stärkeren und wachsameren Verwandten sicherer fühlen. Starke Kolonien bilden auch die Schwarzhalstaucher, manchmal auch die Haubentaucher; in der Regel jedoch nur auf größeren Seen und Teichen, wo die Vögel ein großes Jagdrevier haben, das allen Mitgliedern der Kolonie genügend Nahrung bietet. Auf kleinen Teichen findet man deshalb keine Kolonien dieser Vögel. Auch manche Regenpfeifervögel leben während der Nistzeit gesellig und bauen ihre Nester dicht beieinander. Ihr Verhalten wird vor allem durch die Nistmöglichkeiten bestimmt. Beim Flußregenpfeifer nisten normalerweise die einzelnen Paare getrennt voneinander. Wenn jedoch bei hohem Wasserstand der Teiche oder Seen die Ufer unter Wasser stehen, übersiedeln mehrere Paare zu Stellen, die ihnen gute Nistmöglichkeiten bieten. Auch Enten haben ihre Nester oft dicht zusammen und können so eine Art Kolonie bilden. Das kommt gelegentlich auf kleinen Inseln vor, die besonders gut als Nistplätze geeignet sind.

Vor dem eigentlichen Nisten bilden sich einzelne Paare. Bei manchen Vogelarten treffen die beiden Partner nur zur Balz zusammen und kümmern sich dann weiter nicht mehr umeinander. Das trifft zum Beispiel beim Kuckuck zu. Bei anderen Arten leben die Partner nur während der Nistzeit zusammen, zum Beispiel die Zaunkönige. Ferner gibt es Vogelarten, bei denen die Partner in dauernder Gemeinschaft zusammenleben. Zu ihnen gehört die Graugans und der Höckerschwan. Wenn bei den in ständiger Gemeinschaft lebenden Vögeln ein Partner den anderen verliert, sucht der überlebende Vogel meistens keinen neuen Partner mehr. Besonders alte Vögel bleiben Einzelgänger, während jüngere doch manchmal eine neue Partnerschaft eingehen. Bei manchen Arten tritt die Geschlechtsreife erst nach mehreren Jahren ein. Deshalb bilden sich zum Beispiel bei den Gänsen oder Schwänen Paare erst im vierten oder fünften Lebensjahr.

Der Nestbau

Nach der Paarbildung oder nach der Rückkehr der Vögel aus ihren Winterquartieren beginnen die Partner mit dem Nestbau. Eine Ausnahme bilden nur die Nistparasiten, die ihre Eier in fremde Nester legen, zum Beispiel der Kukkuck. Ähnlich ist es auch bei manchen Entenarten, die zwar keine eigentlichen Nistparasiten sind, aber trotzdem manchmal ihre Eier in die Nester anderer Enten legen.

Der Nestbau ist bei den Vögeln triebhaft angelegt, sie müssen den Nestbau nicht lernen. Jede Vogelart baut ein für sie typisches Nest. Manche Vögel, vor allem Singvögel, zum Beispiel die Rohrsänger, bauen sehr komplizierte, geradezu „künstlerisch" angefertigte Nester; andere bauen sehr einfache Nester aus wenigen übereinandergelegten Zweigen, zum Beispiel der Nachtreiher. Spechte zimmern Nisthöhlen, andere Vögel suchen zum Nisten fertige Höhlungen auf, unter den Wasservögeln die Schellenten und Säger. Bei manchen Vogelarten baut vorwiegend das

Weibchen das Nest, in Ausnahmefällen allein das Männchen. Bei manchen Arten sind beide Partner am Nestbau beteiligt. Der Bau des Nestes dauert bei kleineren Vögeln etwa eine Woche, bei den größeren bis zu mehreren Wochen. Viele Vögel bauen für jedes Gelege ein neues Nest, andere benutzen dasselbe Nest mehrere Jahre, wobei sie es jedes Jahr vergrößern oder ausbessern, zum Beispiel der Weiße Storch und der Seeadler. Manche Wasservögel bauen ihre Nester auf dem Wasser oder in Wassernähe. Die Lappentaucher bauen ihre Nester direkt auf der Wasseroberfläche, meistens im Röhricht oder Riedgras versteckt. Die Mehrzahl der Vögel, auch der Wasservögel, legt die Nester jedoch so an, daß das Gelege trocken bleibt. So nisten alle Entenarten auf trockenem Grund, auch wenn das Nest manchmal über der Wasserfläche, zum Beispiel auf geknicktem Schilf liegt. Entennester findet man manchmal auch ziemlich weit vom Wasser entfernt. Manche Enten legen ihre Eier sogar in Baumhöhlungen oder in Raubvogelnester, die bis 20 m über dem Boden liegen. Aus solchen Nestern geschlüpfte Junge müssen aus dem Nest auf den Boden springen, wobei sie sich meistens keinen Schaden zufügen, denn ihre dichten weichen Daunenfedern dämpfen den Fall. Schwäne bauen ihre Nester auf niedergedrücktem Schilf oder auf kleinen Inseln, ebenso wie die Graugans, die seltener auch ihr Nest auf einem Baum, etwa einer niedrigen Weide baut: meistens dort, wo regelmäßig im Frühjahr Hochwasser auftritt. Die Nester sind dann vor dem steigenden Wasser geschützt. Reihernester liegen meistens auf Bäumen. Manche Arten nisten auch auf niedergedrücktem Schilf, wo auch der Löffler sein Nest baut. Die Möwen bauen ihre Nester aus Schilfteilen, entweder direkt auf der Wasseroberfläche „schwimmend" oder auf niedergedrücktem Schilf, auf Inseln, manchmal auch auf Felsen. Die Limikolen haben ihr dürftig ausgepolstertes Nest auf dem Boden, oft in unmittelbarer Nähe des Wassers, so daß die Nester bei Hochwasser oft überschwemmt werden. Wenn in solchen Nestern noch kein Gelege ist, bauen manche Limikolen, wie die Wasserläufer, das Nest noch weiter in die Höhe aus, so daß das steigende Wasser den eigentlichen Nistkessel nicht erreicht.

Anzahl und Färbung der Eier

Die Färbung und oft auch die Anzahl der Eier sind bei der Mehrzahl aller Vogelarten typisch und konstant. Enten, Gänse, Reiher und andere Vögel haben einfarbige, weiße, gelbliche, hellbraune, grünliche Eier. Bei manchen Vogelarten ist die Farbe der Eier ziemlich variabel wie bei den Möwen und Seeschwalben. Vögel, die in Höhlungen nisten, oder die ihre Eier bei Verlassen des Nestes zudecken, haben meistens einfarbige, oft weiße Eier. Die Eier von Vögeln, die an offenen Stellen nisten und ihre Eier nicht abdecken, sind in der Regel in der Farbe „getarnt", zum Beispiel die Eier der Möwen, Seeschwalben und Regenpfeifervögel.

Das Gelege mancher Vögel besteht aus einer bestimmten, immer gleichen Anzahl von Eiern. So haben die Regenpfeifervögel fast in allen Fällen vier, die Tauben zwei, Möwen drei Eier. Enten legen eine größere Anzahl von Eiern, meistens etwa zehn. Die Weibchen mancher Entenarten, zum Beispiel die Kolbenente, legen ihre Eier in die Nester anderer Entenarten und gleichen darin den Nistparasiten. Die meisten Entenweibchen bauen ein eigenes Nest und brüten ihr Gelege selbst aus.

Die Eier bebrütet entweder das Weibchen allein, wie es bei den Enten oder Gänsen der Fall ist, oder die Partner wechseln beim Brüten ab, zum Beispiel die Störche und Reiher. Nur in vereinzelten Fällen besorgt das Männchen das Brutgeschäft allein. Unter den europäischen Vögeln gehören in diese letzte Gruppe unter anderem der Mornellregenpfeifer und der Halsbandwassertreter. Die Eier werden von den einzelnen Arten unterschiedlich lange bebrütet. Die Brutzeit schwankt bei kleinen Vogelarten eine ziemlich kurze Zeit, zwischen 11 und 14 Tagen, bei größeren Arten beträgt sie etwa 20 bis 21 Tage, bei Enten etwa 26 und bei Gänsen 28 bis 29 Tage.

Beide Altvögel betreuen in der Regel ihre Jungen gemeinsam, bei manchen Arten allerdings nur das Weibchen, in Ausnahmefällen nur das Männchen.

Nesthocker und Nestflüchter

Je nach der Entwicklungsstufe kann man die Vögel in zwei Hauptgruppen einteilen. Bei der ersten, entwicklungsgeschichtlich älteren Gruppe sind die Jungen nach dem Schlüpfen selbständig und folgen schon nach wenigen Stunden den Eltern. Sie können sich auch selbst von den ersten Lebenstagen an ernähren. Die Eltern schützen sie nur vor Feinden, vor Kälte, Regen und anderen Witterungseinflüssen und führen sie zu geeigneten Futterstellen. Die Vögel, deren Junge sich gleich vom Schlüpfen an selbst ernähren, nennt man *Nestflüchter.*

Eine besondere, zwischen den beiden Hauptgruppen liegende Gruppe bilden die Vögel, deren Junge zwar selbständig sind, sich schon wenige Stunden nach dem Schlüpfen selbst fortbewegen, im Röhricht herumkriechen, umherlaufen oder schwimmen. Die Eltern bringen ihnen aber während der ersten Lebenstage die Nahrung im Schnabel, aus dem sie die Jungen selbständig übernehmen. In diese Gruppe gehören zum Beispiel die Rallen. Bei manchen Rallenarten bringen die schon flüggen Jungen aus dem ersten Gelege in ihren Schnäbeln die Nahrung für ihre jüngeren „Geschwister“ aus dem zweiten Gelege. Die Jungen dieser Zwischengruppe gehen schon sehr früh, meistens nach wenigen Tagen, selbständig auf Nahrungssuche.

Die zweite, entwicklungsgeschichtlich jüngere Gruppe sind die *Nesthocker.* Die Jungen dieser Gruppe, die nach dem Schlüpfen bei vielen Arten ungefiedert und „blind“ sind, sind völlig auf ihre Eltern angewiesen, die ihnen Wärme, Schutz und Nahrung bieten müssen. In diese Gruppe gehören die Reiher, Störche, Eisvögel und Singvögel. Auch unter den Nesthockern gibt es Vogelarten, deren Junge in einem dichten Daunenfederkleid schlüpfen, zum Beispiel die Eulen und die Raubvögel.

Eine besondere Gruppe bilden die echten *Nistparasiten,* die sich um ihre Nachkommenschaft gar nicht kümmern, denn sie legen ihre Eier in die Nester anderer Vogelarten und überlassen es den „Pflegeeltern", die Eier auszubrüten und die Jungen aufzuziehen. Ein typischer Nistparasit unter den europäischen Vögeln ist der Kuckuck.

Die Jungen der Nesthocker „nötigen" ihre Eltern durch ein besonderes Betragen, sie zu füttern und Nahrung herbeizuschaffen. Am häufigsten ist es das Geschrei der Jungen, das die Altvögel zu erhöhter Fütterungstätigkeit anspornt. Ein weiterer Anreiz ist optischer Natur, denn die Jungen vieler Vögel haben gelb gefärbte Schnabelwinkel, verschiedene Farbflecken in den Schnäbeln und manchmal auch gleichsam „leuchtende" warzenartige Auswüchse. Der dritte Anreiz hängt mit dem Tastsinn zusammen: die Jungen, zum Beispiel der Reiher, schnappen nach dem Schnabel der Eltern, die ihnen Futter bringen. Die Nahrung übergeben die meisten Vögel den Jungen direkt in den Schnabel. Bei manchen Arten, zum Beispiel den Reihern, picken die Jungen die Nahrung selbst aus den Schnäbeln der Altvögel. Andere Vogelarten würgen den Jungen die Nahrung aus ihrem Kropf auf das Nest, und die Jungen picken sie dann auf.

Die Eltern kümmern sich auch um die Sauberkeit des Nestes. Bei vielen Vögeln, etwa bei den Singvögeln, tragen die Alten die Exkremente der Jungen im Schnabel fort, manche schlucken sie auch. Bei anderen Vogelarten entleeren sich die Jungen über den Nestrand oder „spritzen" die Exkremente aus dem Nest, wie es bei den Raubvögeln der Fall ist. Nur bei wenigen Arten bleiben die Exkremente im Nest und die Jungen sitzen darauf.

Dauer des Aufenthaltes im Nest

Die Zeit, die die Jungen im Nest verbringen, ist bei den einzelnen Vogelarten sehr verschieden. Bei den kleineren Singvögeln beträgt sie in der Regel 12 bis 20 Tage, bei den größeren etwa einen Monat. Bei den in Höhlungen nistenden Vögeln bleiben die Jungen im Durchschnitt etwas länger im Nest. Beim Eisvogel oder dem Bienenfresser etwa einen Monat. Bei größeren Raubvögeln, zum Beispiel dem Fischadler, verbringen die Jungen etwa zwei Monate, bei manchen großen Raubvögeln, wie den Geiern, etwa 100 Tage und bei manchen Sturmvögeln sogar bis 240 Tage im Nest.

Bei manchen in Kolonien nistenden Vogelarten liegen die Nester auf engstem Raum dicht nebeneinander. Eine Kolonie, etwa der Möwen, besteht manchmal aus bis zu tausend Nestern. Durch eine Reihe von Versuchen wurde festgestellt, daß die Möwen und andere Vögel ihre Nester nach der Lage erkennen, die sie sich genau merken. Gleichzeitig ergaben die Versuche, daß meistens die Form und Farbe der Eier gar nicht ausschlaggebend sind. Möwen setzten sich auf ihr Nest auch dann, wenn man ihre Eier fortnahm und sie durch Kieselsteine, sogar durch kantige Gegenstände, ersetzte. Viele Vögel bauen ihre Nester in der Nähe auffallender Objekte der Umgebung. Die Regenpfeifer in der Nähe eines größeren Steins, andere Vögel bei einem Riedgrasbüschel, am Fuße eines Baumes, bei einer Stange usw. Sie sind dann in der Lage, ihre Nester jederzeit zuverlässig zu finden. Die Mehrzahl der Vögel kann jedoch nicht erkennen, ob im Nest ihre eigenen Eier liegen oder nicht.

Woran erkennen die Vögel ihre eigenen Jungen? Wenn Möwenjunge, die sich bei Gefahr verstreut haben, in ein anderes Nistrevier gelangen, werden sie von den fremden Möwen nicht nur fortgejagt, sondern oft sogar mit dem Schnabel gehackt, oft auch getötet. Dasselbe geschieht auch bei anderen, in Kolonien nistenden Vögeln. Andererseits wurde auch festgestellt, daß Möwen innerhalb von 5

Tagen nach dem Schlüpfen der eigenen Jungen auch fremde Junge fütterten, die sich zu ihnen verlaufen hatten oder die man ihnen untergeschoben hatte. Wenn solche Fälle nach Ablauf der ersten fünf Tage eintraten, wurden fremde Junge verjagt, weil sich die Altvögel in dieser Zeit bereits die Stimmen ihrer eigenen Jungen eingeprägt hatten und fähig waren, sie auch unter den vielen gleichaussehenden Jungen in der Umgebung zu unterscheiden. Das Gehör spielt bei den Vögeln eine außerordentlich große Rolle. Die Vögel unterscheiden genau die Stimmen ihrer Jungen, die sie schon in den Eiern hören. Die Eltern reagieren auf die Stimme eines verlaufenen Jungen auch dann, wenn sie es nicht sehen können. Andererseits wurde durch Versuche festgestellt, daß eine Gluckhenne überhaupt nicht reagierte, wenn sie ihr Kücken in Gefahr sah und es dabei nicht hören konnte, zum Beispiel wenn man es unter einem schallisolierenden Glassturz hielt.

Wie erkennen andererseits die Jungen ihre Eltern? Die meisten Jungvögel lernen es erst nach dem Schlüpfen. So erkennen die Entenjungen ihre Mutter erst nach 8 bis 20 Stunden. In dieser Zeit prägen sich die Jungen ihre Eltern ein und erkennen sie dann zuverlässig. In der Gefangenschaft schlüpfen die Jungen oft in Inkubatoren, und in solchen Fällen betrachten sie als Eltern zum Beispiel den Menschen, dessen Bild sie sich in ihren ersten Lebensstunden einprägen. Dieses Verhalten fällt besonders bei Gänsen auf, die ihren Pfleger als Mutter ansehen, auf seine Stimme reagieren und bei ihm bei Gefahr Zuflucht suchen. Wenn zum Beispiel ein Gänsejunges nur vom Menschen und nicht gemeinsam mit seinen Geschwistern aufgezogen wird, betrachtet es nach der Geschlechtsreife als seinen Partner nicht die eigenen Artgenossen, sondern den Menschen. Ein vom Menschen aufgezogener Storch bleibt sein ganzes Leben sehr anhänglich, kommt zum Menschen wie zu seinem natürlichen Partner und „begrüßt“ ihn auch als solchen mit seinem typischen Schnabelklappern und auf den Rücken zurückgelegten Kopf. Bei manchen anderen Vögeln ist das Verhalten etwas komplizierter. So betrachten zum Beispiel Limikolen, die künstlich ausgebrütet und vom Menschen aufgezogen wurden, den Menschen vorerst als Eltern, später „entfremden“ sie sich jedoch, wenn sie auch ziemlich zahm bleiben. Die Limikolen, denen es angeboren ist, ein verstecktes Leben zu führen, zum Beispiel die Bekassine, sind viel scheuer. Bei manchen Vögeln, wie Krähen und Dohlen, kann eine Änderung der eingeprägten Vorstellungen eintreten. So prägt sich ein Dohlenjunges, das erst einige Tage nach dem Schlüpfen aus dem Nest genommen wurde und daher seine Eltern schon gut kannte, innerhalb kurzer Zeit an ihrer Stelle den Menschen, der es füttert, als „Eltern“ ins Gedächtnis ein.

Bei manchen Vogelarten, zum Beispiel bei den Enten, prägen sich die jungen Erpel das Bild ihrer Mutter auch als das Bild des Weibchens ein, und deshalb kommt es in der Natur, bis auf Ausnahmen, kaum zur Kreuzung verschiedener Arten. In der Gefangenschaft dagegen, besonders in zoologischen Gärten, wo viele Enten ohne ihre Eltern aufgezogen werden, ist das Kreuzen auch mit nicht verwandten Arten eine ständige Erscheinung. Manchmal weist ein Exemplar sogar einen Partner der eigenen Art ab, der in einer anderen Voliere aufgezogen worden war, kreuzt sich jedoch mit jedem Exemplar einer anderen Art, mit der es von seiner Jugend an künstlich aufgezogen wurde.

Manche vom Menschen aufgezogenen Vögel, die später ihre eigene Familie gründen, betrachten den Menschen oft auch weiterhin als Exemplar der eigenen Art und verhalten sich entsprechend. Bei den Gänsen verjagen in der Gefangenschaft gehaltene Männchen während der Nistzeit nicht nur andere Exemplare der eigenen Art, sondern fallen auch den Menschen an, der sich ihrem Nest nähert. In der Natur dagegen fliegen in einem solchen Fall die brütende Gans und auch das wachsame Männchen fort.

NAHRUNGSSUCHE UND NAHRUNGSAUFNAHME

Wasser und Sumpfvögel beschaffen sich ihre Nahrung auf eine ganz typische Weise. Manche Arten sind Fischfresser, andere Allesfresser, Insektenfresser oder auch Pflanzenfresser. Von Nahrungsparasitismus spricht man, wenn sich eine Vogelart auf Kosten einer anderen ihre Nahrung beschafft. Diese Erscheinung ist zum Beispiel bei den Raubmöwen bekannt, die andere Möwenarten verfolgen und sie zwingen, ihre Nahrung auszuwürgen, die sie dann geschickt in der Luft auffangen und selbst fressen. Die Raubmöwen ernähren sich auch durch direkten Beutefang. Viele Wasservogelarten gehören zu den Fischfressern oder sie ernähren sich zum Teil von Fischen. Manche tauchen beim Fischfang, zum Beispiel die Lappentaucher und die Kormorane. Kormorane halten bis zu 70 Sekunden unter Wasser aus und fangen die Fische mit Hilfe eines hakenförmigen Auswuchses am Oberschnabel. Auf eine besondere Weise sind die Pelikane für den Fischfang ausgerüstet, sie tauchen nicht, sie haben aber dafür einen langen Schnabel, mit dem sie im Wasser stichartige Bewegungen ausführen, um die Fische aufzuscheuchen. Der Unterschnabel der Pelikane hat einen dehnbaren Kehlsack, mit dem sie die Fische wie in einen Kescher fangen. Meistens schwimmt ein ganzer Schwarm im Halbkreis einer neben dem andern und jagt die Fische in seichtes Wasser, in dem die Pelikane sie dann leichter fangen können. Diese Art des Fischfangs ist einem Fang mit Netzen vergleichbar. Pelikane können Fische bis zu einem Gewicht von 2 kg fangen und verschlucken. Auch die Reiher ernähren sich zum größten Teil von Fischen. Sie lauern auf ihre Beute an einer seichten Stelle oder stelzen vorsichtig im Wasser umher und suchen Fische. Sobald ein Opfer in ihrer Nähe auftaucht, schnellen sie jäh den Kopf mit dem langen spitzen Schnabel vor, wodurch die Beute gleichsam harpuniert wird. Reiher fangen auf die gleiche Weise auch andere kleine Wirbeltiere. Störche jagen am liebsten an seichten Stellen oder in Wassernähe und fangen Frösche, kleine Fische, andere kleine Wirbeltiere und verschiedene Insekten. Auch sie gehen bei der Beutejagd langsam und vorsichtig vor oder lauern an einer seichten Stelle auf ihre Beute. Einen besonders geformten Schnabel haben die Löffler. Er ist abgeflacht und am Ende löffelartig verbreitert. Die Löffler bewegen den Schnabel im Schlamm seitwärts hin und her und fangen dabei kleine Wasserinsekten und Krustentiere, manchmal auch kleine Fische oder Amphibien. Die Gänsevögel, vor allem die Entenvögel, filtern sozusagen mit ihrem Schnabel Plankton aus dem Wasser. Manche Entenarten beschaffen sich ihre Nahrung durch Tauchen unter Wasser, andere an der Wasseroberfläche und unter Wasser nur aus einer Tiefe, die sie mit dem Schnabel erreichen können. Enten ernähren sich sowohl von tierischer als auch von pflanzlicher Nahrung. Die Tauchenten ernähren sich in größerem Maße von tierischer Nahrung als die Schwimmenten. Die Säger ernähren sich von Meeresplankton und kleinen Fischen. Die Gänse sind wie die Schwäne vorwiegend Pflanzenfresser. Beide Vogelarten fressen auch vereinzelt kleine Lebewesen, zum Beispiel Weichtiere.

Manche fischfressende Vögel fangen ihre Beute im Sturzflug, zum Beispiel stürzt sich der Eisvogel senkrecht ins Wasser, „verschwindet" oft unter der Oberfläche, fängt sein Opfer und fliegt mit ihm auf einen Baumast, wo er es verzehrt. Er steht dann oft flatternd an einer Stelle in der Luft über dem Wasser, bevor er sich ins Wasser stürzt, ebenso wie die Flußseeschwalbe, die auf ähnliche Weise auf Fischfang geht. Ein Spezialist unter den Raubvögeln ist der Fischadler; auch er steht flatternd an einer Stelle über dem Wasser und späht nach Fischen aus. Wenn er seine Beute erblickt, stürzt er sich ins Wasser und taucht dabei oft unter die Oberfläche. Im Unterschied zu anderen fischfressenden Vögeln jagt er mit den Fängen. Er schlägt seine langen Krallen in die Beute ein, die bis zu zwei Kilogramm wiegen kann. Der Schwarze Milan sammelt geschickt tote, an der Wasseroberfläche schwimmende Fische, aber auch andere Wirbeltiere.

Die Rallen finden ihre Nahrung an der Wasseroberfläche oder im Röhricht. Sie besteht vor allem aus Insekten, Weichtieren, Spinnen, aber auch aus kleinen Samen und grünen Pflanzenteilen. Auf besondere Art beschaffen die Regenpfeifervögel ihre Nahrung an seichten Stellen von Gewässern oder in Sümpfen, auf Wiesen und Feldern in Wassernähe. Ebenso wie eine Reihe seiner Verwandten läuft und stapft auch der Flußregenpfeifer rasch an sumpfigen Ufern oder im Schlamm seichter Stellen herum, wodurch er die im Schlamm versteckten Würmer oder Insektenlarven aufstöbert und sie dann rasch aufpickt.

Viele Vögel fangen ihre Beute, vor allem Insekten, im Flug dicht über der Wasseroberfläche, zum Beispiel die Mehlschwalben, die Uferschwalben und die Rotfußfalken.

Einige Rohrsängerarten gehören zu den vorwiegend insektenfressenden Vögeln, die in Wassernähe leben. Die Rohrammer dagegen ernährt sich zum größten Teil von Wasser- und Sumpfpflanzensamen.

Die Zusammensetzung der Arten, die in einem bestimmten Gebiet siedeln, kann sich im Laufe der Jahre verändern. Manche Vögel verschwinden, andere, völlig neue, tauchen auf und auch manche der fortgezogenen Vögel siedeln sich später wieder an den früher von ihnen bewohnten Stellen an, wenn wieder günstige Nistbedingungen vorhanden sind.

Das Verschwinden vieler Vogelarten ist das zweifelhafte „Verdienst" des Menschen, der manche Arten, zum Beispiel den nordamerikanischen Riesenalk, völlig ausgerottet hat. Andere Arten wurden beispielsweise durch das Trockenlegen von ausgedehnten Sümpfen und Mooren vertrieben. Dadurch verschwand aus England der Kranich, der dort noch im 18. Jahrhundert stark verbreitet war. Auch viele andere Vögel, die durch ihre Lebensweise an Sumpfgegenden gebunden sind, zogen aus manchen europäischen Gebieten, die trockengelegt wurden, fort.

Bei manchen Vogelarten dagegen vergrößert sich ihr ursprüngliches Verbreitungsgebiet. Sie setzen sich auch an Stellen fest, wo sie früher nicht nisteten. Bei manchen Arten kann man sogar von einer richtigen „Invasion" sprechen. Als Beispiel hierfür diene die Türkentaube, deren ursprüngliche Heimat Indien, West- und Südchina ist. Vom 16. Jahrhundert an wurde sie in Kleinasien gehalten, wo sie sich bald in den Städten völlig ungehindert verbreitete. Am Anfang dieses Jahrhunderts drang sie nach dem Westen vor, und heute ist sie praktisch einer der zahlenmäßig am stärksten verbreiteten Vögel Europas, wo sie im übrigen zum Standvogel geworden ist.

Manche Vogelarten wurden auch vom Menschen künstlich ausgesetzt. Diese Vögel paßten sich den neuen Lebensbedingungen rasch an, und wurden schließlich „normale“ Angehörige der örtlichen Vogelwelt. Der Jagdfasan wurde schon im Mittelalter nach Mittel- und Westeuropa eingeführt, wurde dort bald heimisch und gehört heute zu den am stärksten verbreiteten Vögeln. Wegen seiner schlechten Flugeigenschaften ist der Fasan ein Standvogel, was die vollkommene Akklimatisierung sehr erleichterte.

Auch viele Wasser- und Sumpfvögel, die Zugvögel sind und zu den ausgezeichneten Fliegern gehören, haben sich im Lauf der letzten Jahrzehnte in völlig neuen Gegenden niedergelassen und haben dort Populationen gebildet.

Eine Vogelart, die sich ohne Zutun des Menschen selbst stark verbreitet hat, ist die Reiherente *(Aythya fuligula)*.

Aus ihrer ursprünglichen Heimat auf den Mittelmeerinseln, in Südostspanien und den nördlichen Gebieten des Schwarzen und des Kaspischen Meeres breitet sich die Kolbenente *(Netta rufina)* in nördlicher Richtung aus. Sie nistet regelmäßig im Rhonetal in Frankreich und ist auch an einigen Stellen Mitteleuropas aufgetaucht, wo sie kleine Populationen bildet.

Zu den letzten Neusiedlern in Mitteleuropa gehört die Schellente *(Bucephala clangula)*, eine typische Ente Nordeuropas. Schon früher hatte sie sich an einigen Stellen Nordpolens und im Norden der DDR niedergelassen, 1960 ist sie bis nach Südböhmen vorgedrungen, wo sich ihre Population ständig vergrößert. Außerdem nistet sie regelmäßig in Großbritannien, vereinzelt auch in der Schweiz.

Zu den von dem Menschen in Europa angesiedelten Vögeln gehört in erster Linie die Kanadagans *(Branta canadensis)*. Sie ist ihrem Ursprung nach eine nordamerikanische Art. Etwa vom 17. Jahrhundert an wurde sie halbwild in England gehalten und verbreitete sich dort später auch in der freien Natur. Heute lebt nach Ansicht von Fachleuten eine Population von etwa 3000 Exemplaren in der freien Natur in England. Die Kanadagans ist ein Standvogel, der auch im Winter seine Niststätten nicht verläßt. In Schweden wurde die Kanadagans ausgesetzt und bildet dort ebenfalls schon eine Population. Im Gegensatz zu der englischen Population ist die Kanadagans Schwedens ein Zugvogel. In den letzten Jahren ist sie auch in anderen Teilen Mitteleuropas aufgetreten.

Immer häufiger hat sich in den letzten Jahren in einigen Ländern Europas die Rote Kasarka *(Tadorna ferruginea)* gezeigt. Diese Art ist im westlichen Mittelmeergebiet, in Kleinasien und an den Wüstenseen um den Aralsee beheimatet. Die bis jetzt nur vereinzelt in Mittel- und Westeuropa nistenden Vögel sind jedoch Exemplare, die entweder aus zoologischen Gärten entkommen sind oder als Einzelexemplare frei ausgesetzt wurden. Man kann deshalb vorläufig kaum von einer Population sprechen, wenn auch die Bildung von Populationen in Zukunft nicht ausgeschlossen werden kann.

Der Höckerschwan *(Cygnus olor)* nistet in Mitteleuropa auch immer häufiger. Er wurde ursprünglich halbwild an vielen Stellen auf Teichen in Parkanlagen gehalten. Viele junge Schwäne setzten sich dann auf Seen und Teichen völlig frei fest und fingen an, dort regelmäßig zu nisten. In manchen Gegenden, zum Beispiel in den nördlichen Seengebieten der DDR und Polens, leben jedoch ursprüngliche Populationen.

Auch manche Reiherarten siedeln sich allmählich an neuen Stellen an, wenn auch nicht in solchem Maße wie die Entenvögel. In Süd-, Südost- und Südwesteuropa nistet der Purpurreiher *(Ardea purpurea)*. In den letzten Jahrzehnten kommt er auch in Mitteleuropa vor, wo er zwar selten ist, aber bereits regelmäßige Populationen bildet.

Immer häufiger dringt in neue Nistgebiete in Europa der Nachtreiher *(Nycticorax nycticorax)* vor. Auch manche Arten der Regenpfeifervögel besiedeln neue Niststätten. Dazu gehört zum Beispiel die Uferschnepfe *(Limosa limosa)*. Dieser ursprünglich im Norden Europas lebende Vogel ist heute bereits in vielen Gegenden Mitteleuropas verhältnismäßig stark verbreitet. Auch der Säbelschnäbler *(Recurvirostra avosetta)* nistet heute, wenn auch selten, unregelmäßig und ohne Populationen zu bilden, an manchen Binnengewässern Mitteleuropas.

WINTERGÄSTE AN BINNENGEWÄSSERN

In den Wintermonaten tauchen auf eisfreien Gewässern West- und Mitteleuropas Wasservögel des Nordens auf, die hier überwintern; manche Arten zeigen sich regelmäßig jeden Winter und in größerer Zahl, andere nur vereinzelt und unregelmäßig. Die Arten, die den Winter an der Meeresküste verbringen, verirren sich nur mehr oder weniger zufällig ins Binnenland. Zugvögel auf ihrem Zug nach Südeuropa oder Afrika halten sich manchmal kurz an Binnengewässern auf, vor allem im Herbst und im Vorfrühling.

Wintergäste sind also vor allem die Arten, die in einem bestimmten Gebiet nicht nisten, sondern sich dort nur außerhalb der Nistzeit, besonders im Winter, aufhalten. Zu ihnen gehört der Singschwan *(Cygnus cygnus)*, der in Nordosteuropa nistet. Er überwintert regelmäßig an den Küsten Skandinaviens, Großbritanniens, der Ost- und Nordsee und des Schwarzen und Kaspischen Meeres. Wenn in den gewohnten Winterquartieren des Singschwans langdauernde starke Fröste auftreten, tauchen kleine Schwärme dieses Vogels auch im Inneren Mitteleuropas auf, wo sie sich auf eisfreien Flüssen aufhalten.

Die Ringelgans *(Branta bernicla)* bewohnt die nördlichsten Gebiete Asiens und Grönlands. Von dort zieht sie vor Einbruch des Winters auf die Britischen Inseln und an die Küsten West- und Nordwesteuropas. Oft verirrt sie sich auch in das Innere Mitteleuropas; in der Regel aber nur in kleinen Schwärmen. In seltenen Fällen zeigt sich in Mitteleuropa auch die Weißwangengans *(Branta leucopsis)*, die ebenfalls regelmäßig auf den Britischen Inseln und in den nordwestlichen Gebieten der BRD überwintert. Auch sie ist ein Vogel des hohen Nordens. Sie nistet in Norwegen, Grönland und auf Spitzbergen.

Ziehende Enten

Auf den Britischen Inseln und in Süd-, Südwest- und Westeuropa überwintert in größerer Zahl die Bleßgans *(Anser albifrons),* deren Niststätten an den Küsten Grönlands und in den nördlichsten Gebieten Nordosteuropas liegen. Schwärme der Bleßgans zeigen sich häufig auch auf den Teichen Mitteleuropas, vor allem während des Herbstzuges. In ganz Mittel-, West- und Südeuropa hält sich in den Wintermonaten die im hohen Norden nistende Saatgans *(Anser fabalis)* auf. Die übrigen im Norden nistenden Gänsearten zeigen sich in Europa nur in vereinzelten Fällen.

Von den Enten des Nordens ist es vor allem die Bergente *(Aythya marila),* die auf ihrem Zug in ihre Winterquartiere auch auf den Flüssen und Teichen Mitteleuropas auftritt. Sie überwintert auf den Britischen Inseln, im Mittelmeergebiet und an den Küsten Westeuropas und der Nord- und Ostsee.

Die Schellente *(Bucephala clangula)* ist ebenfalls ein regelmäßiger Wintergast West-, Mittel- und Südeuropas. Im Winter tritt sie in kleinen Schwärmen auf größeren Flüssen auf. Meistens sind es Exemplare aus dem Norden Skandinaviens.

Ziehende Gänse

Von den Entenarten des hohen Nordens halten sich außerdem in den Wintermonaten an den westeuropäischen Küsten die Eisente *(Clangula hyemalis)*, die Samtente *(Melanitta fusca)* und die Trauerente *(Melanitta nigra)* auf. Die Entenarten sind eine zwar seltene, aber ziemlich regelmäßige Erscheinung auf eisfreien Flüssen Mitteleuropas. In einzelnen Exemplaren, aber ziemlich oft, findet man im Winter im Binnenland auch eine weitere Entenart des Nordens, die Eiderente *(Somateria mollissima)*. Die eigentlichen regelmäßigen Winterquartiere liegen jedoch im Gebiet der Nord- und Ostsee.

Häufige und regelmäßige Wintergäste der Flüsse Mittel-, West-, auch Süd- und Südosteuropas sind die im Norden nistenden Säger. Am häufigsten findet man hier den Mittelsäger *(Mergus serrator)* und den Gänsesäger *(Mergus merganser)*, und regelmäßig auch den kleinsten, den Zwergsäger *(Mergus albellus)*, der auf dem nördlichsten Ausläufer Nordeuropas nistet.

Formation eines Kranichschwarms

Auch zwei Arten der nördlichen Seetaucher, der Prachttaucher *(Gavia arctica)* und der Sterntaucher *(Gavia stellata)* gehören zu den regelmäßigen Wintergästen der Flüsse Mittel- und Westeuropas. Beide haben ihre Niststätten im Norden Europas. Es kommt oft vor, daß sich diese Vögel in Regennächten verirren und auf nassen Landstraßen, die sie für Flüsse halten, „landen". Und da sie vom Boden nicht auffliegen können, findet man sie dann am Morgen völlig hilflos.

Regelmäßig, aber meistens nur in kleiner Zahl, zeigen sich auf den Flüssen Mitteleuropas auch einige nördliche Möwenarten, die an den Küsten der europäischen Meere nisten und auch überwintern. Am häufigsten kommt hier die Sturmmöwe *(Larus canus)* vor, deren nächste Niststätten an den Küsten der Nord- und Ostsee liegen, ferner die Silbermöwe *(Larus argentatus)*, seltener auch die Heringsmöwe *(Larus fuscus)*. Auf dem Zug aus ihren Winterquartieren im Mittelmeergebiet zu ihren nördlich gelegenen Niststätten zeigt sich in Mitteleuropa auch die Zwergmö-

Fliegende Schwäne

we *(Larus minutus).* Andere Möwenarten kommen im Inneren Mitteleuropas nur selten und unregelmäßig vor.

Unter solche Arten gehört zum Beispiel die Dreizehenmöwe *(Larus tridactylus),* die an den Seeküsten der nördlichen Teile Europas nistet. Von dort aus wandern vor allem junge, noch nicht vollkommen gefärbte Exemplare, vorwiegend vereinzelt, nur ausnahmsweise in kleineren Schwärmen in das Binnenland und auch nach Mitteleuropa. Noch seltener verirrt sich in das Binnenland, vor allem nach Westeuropa, die Polarmöwe *(Larus glaucoides),* die in ganz Europa ein seltener Gast ist, denn sie hat die Nistreviere nur an den Küsten Grönlands. Ebenso selten fliegt in das Binnenland, vor allem nach den Britischen Inseln, die Eismöwe *(Larus hyperboreus),* deren Nistreviere sich an den Nordküsten Asiens, Amerikas und Grönlands befinden. Bis nach Mitteleuropa kommt sehr selten auch die

Schwalbenmöwe *(Larus sabini)*, die im Norden in den arktischen Gegenden Sibiriens, Nordamerikas und Grönlands nistet.

Hier und da sucht im Winter auch eine Raubmöwenart, die Schmarotzerraubmöwe *(Stercorarius parasiticus)*, die binnenländischen Flüsse Europas auf. Sehr selten können wir im Binnenland auch der größten der Raubmöwen, der Großen Raubmöwe *(Stercorarius skua)*, begegnen. Ihr Nistrevier befindet sich an der Küste des Nordatlantiks und in den anliegenden arktischen Seen. Eine weitere Art, die Spatelraubmöwe *(Stercorarius pomarinus)*, kommt selten auch in Mitteleuropa vor, ebenso wie die Falkenraubmöwen *(Stercorarius longicaudus)*, von denen vor allem junge Vögel in Mitteleuropa vorkommen. Nur selten und in vereinzelten Fällen trifft man im Winter auch andere Arten nördlicher Wasservögel im europäischen Binnenland an.

BILDTAFELN

Die Illustrationen der einzelnen Vogelarten im Bildteil zeigen das Männchen in der Regel im Hochzeitskleid. Wenn bei manchen Arten Männchen und Weibchen verschieden gefärbt sind, sind beide Partner dargestellt, wobei die Männchen mit ♂ und die Weibchen mit ♀ bezeichnet sind. Außerdem werden noch ein typisches Ei in Farbe und das Nest als Federzeichnung abgebildet.

° Haubentaucher
Podiceps cristatus

Lappentaucher
Podicipedidae

° Vogelart, die dem Jagdrecht unterliegt, mit ganzjähriger Schonzeit.

Der Haubentaucher ist in fast ganz Europa bis auf Nordeuropa verbreitet. In Skandinavien lebt er nur im südlichsten Teil, in Island kommt er überhaupt nicht vor. Die Populationen im nördlichen und östlichen Teil Europas sind Zugvögel, in den übrigen Gebieten Strich- oder Standvögel. Der Haubentaucher bevorzugt Seen oder größere Teiche mit starkem Schilfbestand und hält sich fast immer auf dem Wasser auf, denn er läuft und fliegt schlecht.

Der Vogel kehrt in sein Nistrevier manchmal schon im Februar, in der Regel erst im März oder April, zurück. Seine Frühlingsbalz geht auf dem Wasser vor sich. Die Partner begrüßen sich schon aus größerer Entfernung, wobei sie den Hals dicht über die Wasseroberfläche vorstrecken. Sie schwimmen aufeinander zu, sträuben ihre „Halskrausen", nicken mit den Köpfen, schmiegen ihre Hälse aneinander und lassen dabei ihre Stimmen erklingen. Das bis zu 80 cm hohe Nest bauen sie aus verschiedenen Wasserpflanzen.

Das Weibchen legt 3 bis 6 Eier, die anfangs grünlich weiß sind, aber nach und nach lehmgelb werden. Beide Eltern brüten abwechselnd 25 bis 27 Tage, das Weibchen jedoch häufiger. Obwohl die Jungen schon kurz nach dem Schlüpfen schwimmen und tauchen können, kriechen sie den Altvögeln oft unter die Flügel auf den Rücken und lassen sich „spazierenfahren".

Die Eltern füttern die Jungen mit kleinen Insekten und Weichtieren. Die erwachsenen Vögel ernähren sich hauptsächlich von Kleinfischen und Insektenlarven.

Länge:
48 cm
Im Winterkleid fehlen die „Hörnchen"

Ruf:
tiefes „Gröck gröck" oder „Gäg gäg" besonders während der Balz

Eiergröße:
46,5 bis 62,7 × 33,0 bis 39,7 mm

* Zwergtaucher

Podiceps ruficollis

Lappentaucher
Podicipedidae

*** Gesetzlich besonders geschützt.**

Der Zwergtaucher bewohnt ganz Europa mit Ausnahme des Nordens. In Skandinavien lebt er nur im Süden. Die osteuropäischen Exemplare sind Zugvögel und überwintern in Mittel- und Südosteuropa. Die Populationen West- und Südeuropas sind Standvögel, die jedoch im Winter eisfreie Gewässer aufsuchen. Der Zwergtaucher ist ein Bewohner von Seen und Teichen, kommt aber auch auf langsamfließenden Gewässern mit starker Ufervegetation vor, meidet aber freie Gewässer.

Die Zwergtaucher kehren zu ihrem Nistrevier paarweise zurück und bleiben auch den Winter über zusammen. Während der Balz legt das Männchen den Kopf nach hinten auf den Rücken, sträubt die Federn, pickt ins Wasser und schleudert mit den Beinen Wasserspritzer hoch.

Zwergtaucher nisten zum ersten Mal im April, ein zweites Mal im Juni bis Juli. Das Nest aus Wasserpflanzen schwimmt auf der Wasseroberfläche, versteckt in dichtem Röhricht.

Das Weibchen legt meistens 4 bis 6 Eier, die beide Eltern abwechselnd 20 bis 21 Tage bebrüten. Nach dem Schlüpfen werden die Jungen sehr sorgfältig 8 bis 10 Wochen von den Altvögeln betreut.

Die Zwergtaucher ernähren sich vor allem von Insekten und deren Larven, von kleinen Weichtieren, Würmern, Krustentieren, auch von kleinen Kaulquappen und Fischen. Ihre Beute fangen sie meistens unter Wasser.

Länge:
27 cm
Das Ruhekleid ist an der Oberseite heller

Ruf:
trillerndes „Bibibi"

Eiergröße:
32,8 bis 43,0 × 23,0 bis 28,3 mm

* Schwarzhalstaucher

Podiceps nigricollis

Lappentaucher
Podicipedidae

*** Gesetzlich besonders geschützt.**

Der Schwarzhalstaucher war ursprünglich ein Bewohner Südosteuropas, in den letzten achtzig Jahren ist er jedoch in Mittel- und Osteuropa, in Südspanien, Italien, England, Holland und Ostfrankreich verbreitet. Die osteuropäischen Populationen sind Zugvögel, die im Mittelmeergebiet und in Westeuropa überwintern. Der Schwarzhalstaucher bevorzugt als Aufenthaltsort seichtere, jedoch ausgedehnte Teiche und Seen mit üppigem Pflanzenwuchs, der ihnen Verstecke bietet. Er ist ein geselliger Vogel, der auch zur Nistzeit in Schwärmen lebt und Nistkolonien bildet.

Die Vögel kehren im März bis April in Paaren in die Nistreviere zurück, und gleich nach ihrem Eintreffen beginnt die Balz. Das Weibchen baut auf der Wasseroberfläche ein Nest aus verrotteten Wasserpflanzen, die ihm das Männchen herbeischafft. Das Weibchen legt im April bis Juni 3 bis 4, manchmal bis 6 Eier, die beide Partner abwechselnd 19 bis 23 Tage bebrüten. Die Eltern tragen ihre Jungen auf dem Rücken und betreuen sie sorgfältig einige Wochen lang.

Die Nahrung des Schwarzhalstauchers besteht aus Insekten und deren Larven, kleinen Weich- und Krustentieren, Kaulquappen und kleinen Fischen. Seine Beute jagt er unter Wasser, meistens bis zu zwei Metern unter der Oberfläche.

Länge:
30 cm
Männchen und Weibchen sind gleich gefärbt

Ruf:
Pfeiftöne wie „huit" auch zartes „Bi-ip"

Eiergröße:
39,0 bis 48,5 × 27,1 bis 34,0 mm

Lt. Rote Liste der gefährdeten Tiere und Pflanzen bei uns 2 = Stark gefährdet.

* Fischreiher

Ardea cinerea

Reiher
Ardeidae

*** Gesetzlich besonders geschützt.**

Die Nistreviere des Fischreihers liegen in West-, Mittel- und Osteuropa, auch im Süden und an der Westküste Skandinaviens, vereinzelt auch in Spanien. Die westlichen Populationen sind Standvögel, aus den nördlichen und östlichen Gebieten ziehen die Fischreiher von September bis Oktober in ihre Winterquartiere am Mittelmeer.

Die Fischreiher kehren im März zu ihren Niststätten zurück. Sie lieben Flüsse mit Baumbeständen an den Ufern, Teiche, Seen und Sümpfe, oft auch Wälder in der Nähe von Gewässern. Bald nach ihrem Eintreffen beginnt die Balz. Das Männchen steht dabei auf einer Bodenerhebung, stößt laute Töne aus, sträubt das Gefieder und öffnet den Schnabel, um so ein vorüberfliegendes Weibchen anzulocken. Beide Partner bauen ihr Nest aus Holzstückchen, kleinen Zweigen und Schilfhalmen, in der Regel ziemlich hoch über dem Boden auf Laub- oder Nadelbäumen. Im April bis Mai, seltener schon Ende März, legt das Weibchen 4 bis 5 Eier, die beide Altvögel abwechselnd 25 bis 28 Tage bebrüten. Sie füttern die Jungen anfangs direkt in den Schnabel, später würgen sie ihnen das Futter auf das Nest aus. Nach 8 bis 9 Wochen sind die Jungen flügge.

Der Fischreiher fängt kleine Fische, Kaulquappen, Frösche, kleine Säugetiere und Vögel, Reptilien, Weichtiere und Insekten.

Länge:
91 cm
Männchen und Weibchen sind gleich gefärbt

Ruf:
scharf hervorgestoßenes „Gra" oder „Grak" bei Erregung „Gräik" am Nest Laute wie „chräih"

Eiergröße:
52,4 bis 69,5 × 38,5 bis 49,7 mm

* Purpurreiher

Ardea purpurea

Reiher
Ardeidae

*** Gesetzlich besonders geschützt.**

In Europa nistet der Purpurreiher in Süd- und Mittelfrankreich, Spanien, Portugal, Italien, auf der ganzen Balkanhalbinsel, in Ungarn, seltener auch in Österreich, der Tschechoslowakei, der Schweiz und in Holland. Die europäischen Purpurreiher sind Zugvögel, ihre Winterquartiere liegen vorwiegend in West- oder Ostafrika.

Im April kehren die Purpurreiher zu ihren Niststätten in Paaren zurück und lassen sich in kleinen Kolonien nieder. Das Nest bauen beide Partner gemeinsam, am häufigsten auf abgebrochenen Schilfhalmen oder Rohrkolben etwa einen halben Meter über der Wasseroberfläche. Die Bauarbeiten werden noch während des Brütens fortgesetzt.

Das Weibchen legt 4 bis 6 Eier, die beide Partner abwechselnd durchschnittlich 26 Tage bebrüten. Die Altvögel bringen die Nahrung in ihrem Kehlsack, und die Jungen nehmen sie selbst aus dem Schnabel der Eltern. Später würgen die Eltern das Futter auf den Nestrand aus, von wo es die Jungen aufpicken. Das Nest verlassen die Jungen nach sechs Wochen.

Der Purpurreiher fängt kleine Fische, Frösche, Kaulquappen, Insekten, Weichtiere; zu seiner Nahrung gehören auch Eidechsen und kleine Säugetiere und gelegentlich ein Vogeljunges. Er watet oft in seichtem Wasser und wartet regungslos, bis Beute in seine Nähe kommt. Dann erfaßt er sie mit einem jähen Vorschnellen des Schnabels, oft wird das Opfer geradezu mit dem Schnabel harpuniert.

Länge:
79 cm
Männchen und Weibchen sind gleich gefärbt

Ruf:
etwa wie „schrät" oder auch „rrähb"

Eiergröße:
50,0 bis 61,2 × 36,5 bis 44,7 mm

Lt. Rote Liste der gefährdeten Tiere und Pflanzen bei uns 4 = Potentiell gefährdet.

* Nachtreiher

Nycticorax nycticorax

Reiher
Ardeidae

*** Gesetzlich besonders geschützt.**

Der Nachtreiher bewohnt Süd-, Südost- und Südwesteuropa, ist jedoch auch an einzelnen Stellen Mitteleuropas, sowie in Holland und im Rhonedelta in Südfrankreich anzutreffen. Die in Europa nistenden Exemplare ziehen im Herbst nach dem tropischen Afrika, von wo sie im April zu ihren Niststätten zurückkehren. Die Nachtreiher halten sich vor allem in Sumpfgebieten auf. Sie leben auch an Seen, Teichen und Flüssen, wenn diese von Baumbeständen und Buschwerk gesäumt sind. Oft lassen sie sich auch an Waldrändern in Wassernähe, manchmal sogar in Parkanlagen nieder.

Mit dem Nestbau beginnt das Männchen. Es versucht, ein Weibchen herbeizulocken, das dann selbst den Bau des Nestes fortsetzt, wobei das Männchen das Baumaterial herbeischafft. Das Weibchen legt 3 bis 5 Eier, die es schon vom ersten Ei an bebrütet, wobei es vom Männchen regelmäßig, meistens nach zwei bis vier Stunden, abgelöst wird. Nach 20 bis 23 Tagen schlüpfen die Jungen und werden von den Eltern gewissenhaft 21 bis 28 Tage lang im Nest gefüttert. Nach Verlassen des Nestes halten sich die Jungen auf Zweigen in der Nähe auf und machen im Alter von etwa 6 Wochen die ersten Flugversuche.

Die Nahrung der Nachtreiher besteht aus verschiedenen Kleinfischen, auch aus Insekten und Würmern. Die Vögel jagen meistens in der Dämmerung, abends oder im Morgengrauen. Tagsüber ruhen sie in dichten Zweigen. Solange die Jungen gefüttert werden müssen, gehen die Altvögel auch bei Tag auf Beutejagd.

Länge:
61 cm
Männchen und Weibchen sind gleich gefärbt

Ruf:
quakendes weit hörbares „Quak"

Eiergröße:
43,7 bis 56,5 × 31,0 bis 39,7 mm

Lt. Rote Liste der gefährdeten Tiere und Pflanzen bei uns 4 = Potentiell gefährdet.

* Zwergrohrdommel

Zwergdommel
Ixobrychus minutus

Reiher
Ardeidae

*** Gesetzlich besonders geschützt.**

Die Heimat der Zwergrohrdommel ist ganz Europa mit Ausnahme Skandinaviens und der Britischen Inseln. Ende August bis Anfang September zieht sie in ihre entfernten Winterquartiere in Nordwest- und Ostafrika.

Die Zwergrohrdommeln kehren manchmal schon Ende März zu ihren Niststätten zurück, in der Regel im April oder Anfang Mai. Sie halten sich bei Seen, Teichen, in Flußdelten, auch an kleineren Tümpeln auf, wenn sie von starkem Bewuchs umgeben sind. Die Niststätte bezieht zuerst das Männchen und beginnt mit dem Nestbau. Nach einigen Tagen kehrt auch das Weibchen zurück und setzt den Bau des Nestes fort, wobei ihm das Männchen das Baumaterial herbeischafft. Das Weibchen legt in das sorgfältig verborgene und getarnte Nest 5 bis 6 Eier. Beim Brüten wird es regelmäßig vom Männchen abgelöst. Die Zwergrohrdommel sitzt oft in einer völlig starren Stellung mit hochgerecktem Hals und vertikal in die Höhe gehaltenem Schnabel auf dem Nest, wodurch sie im Röhricht gut getarnt ist. Die Jungen schlüpfen nach 16 bis 19 Tagen und bleiben 10 bis 12 Tage im Nest. Die Eltern bringen ihnen Futter, das sie in den ersten Tagen ins Nest auswürgen; später füttern sie in die Schnäbel der Jungen.

Die Zwergrohrdommel ernährt sich von Insekten, kleinen Fischen, auch Kaulquappen, Weich- und Krustentieren.

Länge:
36 cm
Das Männchen hat einen schwarzen das Weibchen einen braunen Rücken

Ruf:
kurzes „Wurr wurr" am Nest auch Laute wie „jick" „gäck" oder „gät"

Eiergröße:
30,0 bis 39,0 × 23,3 bis 27,7 mm

Lt. Rote Liste der gefährdeten Tiere und Pflanzen bei uns 1 = Vom Aussterben bedroht.

* Große Rohrdommel

Kuhreiher, Moorochse

Botaurus stellaris

Reiher

Ardeidae

*** Gesetzlich besonders geschützt.**

In warmen Frühlingsnächten ertönt aus Sümpfen und Mooren, aus dem ausgedehnten Röhricht von Teichen und Seen ein gespensterhaftes hohlklingendes Muhen, ein sicheres Zeichen dafür, daß sich dort eine Große Rohrdommel niedergelassen hat. Die Heimat dieses stattlichen Vogels ist ganz Europa mit Ausnahme der nördlichen Gebiete. Die west- und südeuropäischen Exemplare sind meistens Standvögel, die Populationen der übrigen Gebiete überwintern oft in West- und Südwesteuropa, aber auch in Nordafrika, wohin sie im September bis Oktober ziehen.

Zu ihren Niststätten kehren sie im März oder April zurück. Ihr flaches Nest, eine Anhäufung von Schilf- und Rohrhalmen, liegt meistens an einer seichten Stelle. Im April bis Mai legt das Weibchen 5 bis 6 Eier und brütet vom ersten Ei an. Das Brüten und auch das Füttern der nach 25 bis 27 Tagen schlüpfenden Jungen übernimmt ausschließlich das Weibchen. Nach 8 Wochen sind die Jungen bereits flügge und machen sich selbständig. Im Röhricht nehmen die Großen Rohrdommeln oft eine starre Stellung mit hochgerecktem Kopf (wie ein „Pfahl") ein und sind auf diese Weise, und auch durch ihre Färbung, gut getarnt.

Sie ernähren sich vor allem von Insekten und ihren Larven, von Kaulquappen, Fröschen, kleinen Fischen, und gelegentlich fangen sie auch ein kleines Säugetier.

Länge:
76 cm
Männchen und Weibchen sind gleich gefärbt

Ruf:
tiefes „Ü-puuh" seltener Laute wie „grag" oder „grog" im Flug ein „Hau-hau"

Eiergröße:
47,5 bis 58,2 × 33,5 bis 41,0 mm

Lt. Rote Liste der gefährdeten Tiere und Pflanzen bei uns 1 = Vom Aussterben bedroht.

* Weißer Storch

Weißstorch

Ciconia ciconia

Störche

Ciconiidae

*** Gesetzlich besonders geschützt.**

Der Weiße Storch ist einer der bekanntesten europäischen Vögel, die in die Nähe des Menschen gezogen sind und seinen Schutz in Anspruch nehmen. Sein Verbreitungsgebiet ist Mittel-, Nordwest- und Südosteuropa, er lebt auch in Spanien. In Skandinavien kommt er nur im südlichsten Teil vor. Er ist ein Zugvogel, der Anfang August bis September seine lange Reise, je nach der Population in südwestlicher oder südöstlicher Richtung, antritt und in seine Winterquartiere in Ost- und Südafrika zieht.

Im März oder Anfang April findet man ihn bereits wieder in seinem Nistrevier. Das Nest besteht aus Zweigen oder Holzstückchen. Ein neues Nest ist in etwa 8 Tagen fertig, der Storch benutzt jedoch oft jahrelang dasselbe Nest, das er jedesmal ausbessert und vergrößert.

Im April bis Mai legt das Weibchen 4 bis 5 Eier, die beide Altvögel abwechselnd bebrüten; nachts brütet jedoch immer das Weibchen allein. Die Jungen schlüpfen meistens nach 30 bis 34 Tagen und sind im Alter von 54 bis 63 Tagen flügge. Die Nahrung würgen die Eltern auf das Nest aus. Die Weißen Störche sind ausschließlich Fleischfresser. Sie jagen in seichtem Wasser, auf Wiesen und Feldern. Ihre häufigste Beute sind kleine Nagetiere, Frösche, Eidechsen, kleine Fische, aber auch Insekten und andere Wirbellose.

Länge:
102 cm
Männchen und Weibchen sind gleich gefärbt

Ruf:
Schnabelklappern
die Jungen geben miauende Laute von sich

Eiergröße:
65,0 bis 81,5 × 46,0 bis 57,0 mm

Lt. Rote Liste der gefährdeten Tiere und Pflanzen bei uns 1 = Vom Aussterben bedroht.

* Löffler
Platalea leucorodia

Ibisse
Threskiornithidae

*** Gesetzlich besonders geschützt.**

In Europa lebt der Löffler in Südspanien, in Holland, am Neusiedler See in Ungarn und in Südosteuropa. Im August bis September zieht er in seine Winterquartiere im tropischen Afrika, von dort kehrt er im März oder April in seine Nistreviere zurück.

Die Löffler lassen sich auf bewachsenen Seen, in Flußniederungen und in Mooren nieder. Sie nisten in Kolonien, oft gemeinsam mit anderen Vögeln.

Das Nest baut dieser Vogel auf geknicktem, niedergedrücktem Schilf aus Schilf- und Rohrhalmen, manchmal auch im Gestrüpp aus Holzstückchen; sogar auf Bäumen, dann vor allem auf Eichen. Das Nest bauen beide Altvögel gemeinsam und benutzen es oft auch mehrere Jahre lang. Das Weibchen legt Ende April, im Mai oder Juni 3 bis 5 gefleckte Eier. Während des 24 bis 25 Tage dauernden Brütens, bei dem beide Eltern abwechseln, verschwinden die Flecken auf den Eiern. Der Brutpflege widmen sich beide Partner. Beim Füttern nehmen die Jungen die Nahrung aus dem Schlund der Alten. Nach 6 bis 8 Wochen verlassen die Jungen das Nest und sind kurz darauf auch flügge.

Die Löffler ernähren sich von verschiedenen Wasserinsekten und deren Larven, von Froschlaich, kleinen Krustentieren und auch Fischen.

Länge:
86 cm
Während der Nistzeit verlängerte Kopffedern

Ruf:
Tiefe heisere Laute und Schnabelklappern

Eiergröße:
52,7 bis 74,6 × 36,8 bis 49,5 mm

° Stockente

Anas platyrhynchos

Entenvögel
Anatidae

° **Vogelart, die dem Jagdrecht unterliegt.**

Die Stockente ist eine der zahlreichsten und stark verbreiteten Entenvogelarten. Sie nistet in ganz Europa, wo sie ein Stand- oder auch Strichvogel ist; die Populationen aus dem hohen Norden sind Zugvögel, die in Mittel- und Westeuropa oder im Mittelmeergebiet überwintern.

Zu ihren Niststätten kehren die Stockenten Ende Februar bis Anfang März in Paaren zurück. Sie bewohnen stehende Gewässer, manchmal auch Flüsse und kommen oft in Städten vor. Im Frühjahr balzen die Vögel, die Partner schwimmen umeinander herum, das Männchen neigt den Schnabel und plustert das Gefieder auf, macht zuckende Bewegungen mit dem Schwanz, nickt mit dem Kopf, und taucht den Schnabel ins Wasser.

Den Nestbau besorgt das Weibchen allein. Das Nest liegt in der Regel auf dem Boden, manchmal ziemlich weit vom Wasser entfernt, in manchen Fällen auch auf Bäumen. Es ist mit Laub, Halmen und kleinen Zweigen ausgepolstert und dicht mit Daunenfedern bedeckt.

Das Weibchen legt meistens 9 bis 13 Eier, die es allein 22 bis 26 Tage bebrütet. Sobald die geschlüpften Jungen trocken sind, führt sie die Mutter aufs Wasser.

Auf Nahrungssuche fliegen die Enten vor allem nach Eintritt der Dämmerung. Sie ernähren sich von verschiedenen Samen, Trieben, Gras; sie sammeln ihr Futter auch von der Wasseroberfläche und jagen Insekten und Würmer.

Länge:
♂ 57 cm
♀ 49 cm
Auffallender Geschlechtsdimorphismus
Das Ruhekleid des Männchens ähnelt dem des Weibchens

Ruf:
♂ pfeifendes „Fihb" oder „Räb räb"
♀ „Quakquakquakquak"

Eiergröße:
50,0 bis 65,0 × 37,0 bis 45,8 mm

° Krickente
Anas crecca

Entenvögel
Anatidae

° **Vogelart, die dem Jagdrecht unterliegt.**

Die Krickente ist die kleinste europäische Ente; sie wiegt nur um 0,30 kg. Sie ist in ganz Europa verbreitet, nistet jedoch nicht in Spanien, Portugal, Italien und auf dem Balkan, wo sie dagegen im Winter in größerer Zahl auftritt. Manche dieser Vögel ziehen im Winter auch nach Afrika südlich bis zum Sudan.

Die Krickenten kehren im März oder Anfang April in ihre Nistgebiete zurück. Sie bevorzugen Binnengewässer mit üppiger Vegetation.

Das Weibchen baut das Nest auf dem Boden in hohem Gras und polstert es mit trockenem Pflanzenmaterial aus. Der Nestrand ist mit Daunenfedern belegt. Von der zweiten Aprilhälfte an bebrütet das Weibchen sein Gelege von 8 bis 10 Eiern allein 22 bis 25 Tage lang. Das Männchen hält sich während dieser Zeit in der Nähe des Nestes auf dem Wasser auf. Die geschlüpften Jungen sind sehr klein, aber äußerst rege. Sie können tauchen und suchen selbst ihr Futter. Im Alter von einem Monat beginnen die ersten Flugversuche.

Die Krickenten ernähren sich von pflanzlicher und auch von tierischer Nahrung, die im Frühjahr und Sommer überwiegt, während im Herbst Samen und Pflanzenteile die Hauptnahrung bilden. Nach dem Flüggewerden der Jungen schließen sich die Krickenten zu größeren Schwärmen zusammen.

Länge:
♂ 36 cm
♀ 34 cm
Geschlechtsdimorphismus

Ruf:
♂ glockenhelles „Krilük" oder „Krück"
♀ rasches „Gägägägä"

Eiergröße:
41,0 bis 50,0 × 30,0 bis 35,5 mm

Lt. Rote Liste der gefährdeten Tiere und Pflanzen bei uns 3 = Gefährdet.

○ Knäkente

Anas querquedula

Entenvögel
Anatidae

○ Vogelart, die dem Jagdrecht unterliegt.

Die Knäkente ist ein Bewohner West-, Mittel-, Ost- und Nordosteuropas. In England kommt sie nur im südöstlichen Teil des Landes vor, in Skandinavien an der Ostküste. Sie überwintert vor allem im tropischen Afrika. Stellenweise ist sie sehr stark verbreitet, doch bildet sie nicht so große Schwärme wie ihre Verwandte, die Krickente. Sie lebt in Sumpf- und Moorgebieten und auf Seen und Teichen mit dichter Ufervegetation.

Die Knäkente sucht ihre Niststätten Ende März oder im April auf. Die Balz verläuft in der Regel bei mehreren Paaren gleichzeitig. Die Vögel schwimmen in Kreisen umher, die Männchen mit aufgeplustertem Gefieder dicht hinter den Weibchen. Sie halten dabei den Kopf niedrig, mit dem Schnabel im Wasser. Oft nicken sie mit dem Kopf und biegen ihn manchmal nach hinten ab. Schließlich erheben sich die Männchen und fliegen in kleineren Gruppen dicht über der Wasseroberfläche.

Ende April, im Mai oder Juni baut das Weibchen in einer flachen Bodenmulde sein verstecktes Nest, wo es dann seine 8 bis 11 Eier allein bebrütet. Die Jungen schlüpfen nach 21 bis 25 Tagen und werden von der Mutter betreut. Im Juli schließen sich die Knäkenten zu kleineren Schwärmen zusammen.

Die Nahrung dieser kleinen Enten besteht aus Samen, grünen Pflanzenteilen, aber auch aus Insekten und deren Larven, aus kleinen Fischen und Kaulquappen. Die Knäkenten gehören zu den besten und schnellsten Fliegern und erreichen eine Geschwindigkeit von mehr als 100 km in der Stunde.

Länge:
♂ 40 cm
♀ 36 cm
Geschlechtsdimorphismus

Gewicht:
etwa 0,35 kg

Ruf:
♂ etwa „klerrrb"
♀ „knäk"

Eiergröße:
39,3 bis 50,1 × 29,7 bis 35,5 mm

Lt. Rote Liste der gefährdeten Tiere und Pflanzen bei uns 3 = Gefährdet.

° Schnatterente
Anas strepera

Entenvögel
Anatidae

° Vogelart, die dem Jagdrecht unterliegt, mit ganzjähriger Schonzeit.

Die Schnatterente ist stark in Osteuropa und im Ostteil Mitteleuropas verbreitet, bewohnt aber auch Nordwesteuropa. Die westeuropäischen Populationen sind Standvögel, alle übrigen Zugvögel. Sie überwintern vor allem in Südwesteuropa, ihre Winterquartiere liegen auch in Afrika südlich bis Äthiopien. Der Zug beginnt im August bis September.

Ende März oder im April kehren die Schnatterenten zu ihren Niststätten zurück. Sie bevorzugen Binnengewässer mit einer starken Ufervegetation. Während der Balz halten sich in der Nähe eines Weibchens mehrere Männchen auf, die mit vorgestrecktem Hals umherschwimmen und mit den Köpfen nicken. Im weiteren Verlauf der Balz halten sie den Schnabel waagrecht und lassen ihre Stimme ertönen. Sie unternehmen auch eine Art Hochzeitsflug, bei dem sie plötzlich aufhören, mit den Flügeln zu schlagen und schräg zu Boden gleiten.

Das Nest ist meistens gut in einem Grasbüschel verborgen und mit trockenen Pflanzenteilen ausgepolstert.

Auf dem Gelege von 7 bis 12 Eiern sitzt das Weibchen im Mai oder Juni 26 bis 27 Tage. Sobald die Jungen trocken sind, führt sie ihre Mutter ins Wasser. Im Alter von 7 Wochen sind die jungen Schnatterenten flugfähig und halten sich in der näheren Umgebung auf.

Die Schnatterenten ernähren sich von Pflanzenteilen und Samen, nur gelegentlich fressen sie auch Weichtiere und Wasserinsekten. Die Jungen bevorzugen tierische Nahrung.

Länge:
♂ 51 cm
♀ 48 cm
Geschlechtsdimorphismus

Ruf:
Quaklaute wie „gagag gag gagag"
♂ gibt auch pfeifende Töne von sich
♀ Laute wie „räckräckräck"

Eiergröße:
50,3 bis 59,9 × 34,5 bis 43,5 mm

Lt. Rote Liste der gefährdeten Tiere und Pflanzen bei uns 4 = Potentiell gefährdet.

○ Pfeifente

Anas penelope

Entenvögel
Anatidae

° Vogelart, die dem Jagdrecht unterliegt.

Die Pfeifente bewohnt Nord- und Nordosteuropa, nistet aber auch in Schottland und an der Ostseeküste. Die Populationen Schottlands, Islands und der Südwestküste Skandinaviens sind Stand- oder Strichvögel, die übrigen ziehen in südwestlicher Richtung und überwintern schon an der Nordseeküste oder im Südteil der Ostsee. Viele dieser Vögel ziehen jedoch bis zu den Küsten Westeuropas oder ins Mittelmeergebiet, manche sogar bis nach Afrika zu den Seen in Nigeria. Ihre Niststätten verlassen sie von Ende August bis September und kehren im März oder Anfang April wieder zurück.

Bei der Balz schwimmen die Erpel um die Weibchen herum, plustern die Kopffedern auf, strecken die Flügel hoch und heben von Zeit zu Zeit den Kopf jäh in die Höhe, wobei sie pfeifende Laute ausstoßen. Die Pfeifente lebt auf stehenden Binnengewässern aller Art, wenn sie stark bewachsene Ufer haben.

Das Nest baut das Weibchen aus trockenen Pflanzenteilen direkt auf dem Boden und polstert es mit grauen Daunenfedern aus. Es liegt in der Regel in der Nähe des Wassers und ist gut im hohen Pflanzenwuchs verborgen. 22 bis 23 Tage lang bebrütet das Weibchen allein sein Gelege von 7 bis 10 Eiern, und sobald die geschlüpften Jungen trocken sind, führt sie die Mutter ins Wasser.

Die Pfeifenten ernähren sich vor allem von grünen Pflanzenteilen und Insekten.

Länge:
♂ 49 cm
♀ 44 cm
Geschlechtsdimorphismus

Ruf:
♂ Pfeiftöne wie „wiw wiwiw wibwiü"
♀ Laute wie „terr" oder „trr"

Eiergröße:
49,2 bis 59,9 × 34,7 bis 42,1 mm

° Spießente
Anas acuta

Entenvögel
Anatidae

° **Vogelart, die dem Jagdrecht unterliegt.**

Die Spießente ist vor allem ein Bewohner Nord- und Nordosteuropas, sie lebt auch in den östlichen und nördlichen Teilen Mitteleuropas, in Nordwesteuropa und in England. In England und Nordwesteuropa ist sie zum Teil Standvogel, aus den übrigen Teilen ihrer europäischen Heimat zieht sie in Winterquartiere, die in Westeuropa, im Mittelmeergebiet und in Afrika südlich bis zum Sudan liegen. Die größte Zahl dieser Enten überwintert im Stromgebiet des Nils. Ihre Nistreviere verlassen die Spießenten im August bis September, und Ende März bis April kehren sie wieder zurück. Sie bevorzugen große stehende Gewässer, vorwiegend Seen. Im Norden, wo sie zu den zahlenmäßig am stärksten vertretenen Enten gehören, sind sie auch in der Tundra verbreitet.

Die Spießenten kehren in Paaren zu ihren Niststätten zurück. Das in einer flachen Bodenmulde gelegene und mit trockenen Pflanzenteilen ausgepolsterte Nest baut nur das Weibchen, das auch allein 22 bis 23 Tage auf dem Gelege von 7 bis 11 Eiern brütet, während das Männchen in der Nähe des Nestes im Gras versteckt Wache hält, wobei es mit hochgerecktem Kopf die Umgebung beobachtet. Die Jungen bringt die Mutter gleich nach dem Schlüpfen aufs Wasser, wo die kleinen Enten mit Vorliebe tauchen.

Die Spießenten ernähren sich von verschiedenen Samen, Trieben, grünen Pflanzenteilen, sie jagen aber auch Insekten und deren Larven, Spinnen, Weichtiere und Würmer. Sie fangen gelegentlich auch eine Kaulquappe.

Länge:
♂ 70,5 cm
♀ 57,5 cm
Geschlechtsdimorphismus

Ruf:
♂ Laute wie „hrüf" oder „krlüe"
♀ ruft „rärrärrär"

Eiergröße:
44,1 bis 61,9 × 33,9 bis 43,0 mm

Lt. Rote Liste der gefährdeten Tiere und Pflanzen bei uns 4 = Potentiell gefährdet.

° Löffelente
Anas clypeata

Entenvögel
Anatidae

° Vogelart, die dem Jagdrecht unterliegt, mit ganzjähriger Schonzeit.

Die Löffelente nistet in Ost-, Nordost-, Mittel- und Westeuropa, in Skandinavien lebt sie in Südschweden und Südfinnland und an der Ostküste Islands. In Westeuropa ist sie ein Stand- oder Strichvogel, aus den übrigen Gebieten zieht sie vor Wintereinbruch vor allem ins Mittelmeergebiet und nach Afrika bis nach Uganda und zur Goldküste. Sie verläßt ihre Nistreviere Ende August oder im September und kehrt Ende März oder im April wieder zurück. Sie lebt auf Binnenseen und -teichen in der Nachbarschaft größerer Wiesen.

Im Mai bis Juni baut das Weibchen versteckt im Gras oft auf einer weit vom Wasser entfernten Wiese, in einer flachen Bodenmulde ein spärlich mit trockenen Pflanzenteilen ausgepolstertes Nest. Wenn es sein volles Gelege von 7 bis 12 Eiern im Nest hat, bedeckt das Weibchen das Nest mit vielen grauen, hellgefleckten Daunenfedern und brütet dann 23 bis 25 Tage. Die Mutter führt ihre Jungen zu seichten Stellen, wo sie leicht ihre Nahrung finden können. Nach 6 Wochen sind die jungen Löffelenten flugfähig. Ihre Nahrung finden sie vor allem im Wasser an seichten Stellen, wo sie mit ihrem löffelartig verbreiterten Schnabel im Schlamm und im Wasser Krustentiere, Insektenlarven, Weichtiere und Würmer fangen. Im Herbst ernähren sie sich vorwiegend von Pflanzen.

Länge:
♂ 51,5 cm
♀ 47,5 cm
Geschlechtsdimorphismus

Ruf:
♂ tiefes „Gog gog"
♀ klingt wie „woak" hört man nur selten

Eiergröße:
47,1 bis 58,0 × 34,5 bis 40,0 mm

Lt. Rote Liste der gefährdeten Tiere und Pflanzen bei uns 4 = Potentiell gefährdet.

○ Kolbenente
Netta rufina

Entenvögel
Anatidae

○ **Vogelart, die dem Jagdrecht unterliegt, mit ganzjähriger Schonzeit.**

Die Kolbenente, ein Tauchvogel, bewohnt Südostspanien, Südostfrankreich, die Mittelmeerinseln, Holland und Belgien. Stellenweise lebt sie auch in Mitteleuropa, wo ihr Vorkommen in den letzten Jahren zunimmt. Auch ein Teil Südosteuropas gehört zu ihrem Verbreitungsgebiet. Manchmal sucht sie als Gast auch England und Schweden auf, wo sie jedoch nicht nistet. Im Mittelmeergebiet ist sie ein Standvogel, aus dem übrigen Europa zieht sie im Oktober bis Dezember nach Süden und überwintert in den Mittelmeerländern. Ende März oder im April kehrt sie zu ihren Niststätten bei tiefen, stehenden oder langsamfließenden Gewässern mit starkem Pflanzenbewuchs an den Ufern zurück.

Im Mai bis Juni baut das Weibchen auf kleinen Inseln direkt auf dem Boden, seltener im Röhricht auf geknicktem Schilf, sein Nest, das es mit trockenen Pflanzenteilen auspolstert. Das Weibchen füllt das Nest auch mit beigegrauen Daunenfedern aus. Auf dem Gelege von meistens 6 bis 10 Eiern brütet das Weibchen allein 26 bis 28 Tage, es kommt aber auch vor, daß das Kolbenentenweibchen seine Eier in Nester anderer Enten, zum Beispiel der Tafelente, legt. Im Alter von 8 Wochen sind die Jungen flügge.

Die Kolbenenten ernähren sich von Wasserpflanzen und Samen, kleinen Krusten- und Weichtieren, Würmern und Insekten. Beim Tauchen erreichen sie eine Tiefe von 2 bis 4 m.

Länge:
♂ 57 cm
♀ 51 cm
Geschlechtsdimorphismus

Ruf:
das Männchen hat eine feine heisere Stimme das Weibchen gibt quakende oder knarrende Laute von sich

Eiergröße:
51,7 bis 62,3 × 38,2 bis 45,1 mm

Lt. Rote Liste der gefährdeten Tiere und Pflanzen bei uns 4 = Gefährdet.

° Reiherente

Aythya fuligula

Entenvögel
Anatidae

° Vogelart, die dem Jagdrecht unterliegt.

Die Reiherente war ursprünglich ein Bewohner Nord- und Nordosteuropas, von dort hat sie sich auch nach West- und Mitteleuropa verbreitet. Hier gehört sie heute zu den am zahlreichsten vertretenen Entenarten. Die Populationen West- und Nordwesteuropas sind Standvögel, die Exemplare aus den übrigen Teilen Europas sind Zugvögel, deren Winterquartiere an den Küsten Westeuropas, vorwiegend Englands, und auch im Mittelmeergebiet liegen.

Die Reiherenten kehren Mitte März bis April zu ihren Niststätten zurück. Sie bevorzugen Wasserflächen mit kleinen Inseln, wo das Weibchen im Mai bis Juli sein Nest baut, das es mit trockenen Pflanzenresten und Daunenfedern auspolstert. Das Weibchen bebrütet allein die 6 bis 12 Eier in der Regel 24 bis 26 Tage, und bereits zwölf Stunden nach dem Schlüpfen führt die Mutter ihre völlig schwarzen Jungen ins Wasser. Nach 7 Wochen sind dann die Jungen flugfähig.

Als Nahrung fangen die Reiherenten Krusten- und Weichtiere, Insekten und deren Larven, gelegentlich fressen sie auch Kaulquappen oder kleine Fische. Pflanzenteile und Samen gehören ebenfalls zu ihrer Nahrung. Bei der Nahrungssuche tauchen diese Vögel meistens 2 bis 3 m tief, sie können aber auch in eine Tiefe von 14 m tauchen.

Länge:
♂ 42 cm
♀ 38 cm
Geschlechtsdimorphismus

Ruf:
heiseres „Arrr" oder zartes „Quiüüüü" oder „Göööö"

Eiergröße:
53,0 bis 67,1 × 37,7 bis 47,2 mm

° Tafelente

Aythya ferina

Entenvögel
Anatidae

° Vogelart, die dem Jagdrecht unterliegt.

Die Tafelente, eine zahlenmäßig stark verbreitete Tauchente, hat ihre Heimat in ganz Ost-, Mittel- und Nordwesteuropa und in England. Die Populationen in Gebieten mit gemäßigtem Klima sind Stand- oder Strichvögel, die Exemplare aus Nord- und Osteuropa überwintern im Mittelmeergebiet und oft auch in Mitteleuropa. Ihre Heimat verlassen sie in der Zeit von September bis Mitte November.

Mitte März bis Anfang April kehren die Tafelenten zu ihren Niststätten zurück und suchen dort Binnenseen und Teiche mit dichter Ufervegetation auf. Das Weibchen baut das Nest in hohem Pflanzenwuchs direkt am Boden in Wassernähe. Der Nistkessel ist ziemlich tief und mit grünen Pflanzenteilen und dunklen Daunenfedern ausgepolstert. Das Weibchen legt 5 bis 11 Eier, die es allein in 23 bis 26 Tagen ausbrütet. Das Männchen hält sich in den ersten Tagen des Brütens in der Nähe des Nestes auf, kümmert sich jedoch im weiteren Verlauf des Brutgeschäfts nicht mehr um das Weibchen. Wenn die Jungen geschlüpft sind, bringt sie die Mutter noch am selben Tag aufs Wasser. Im Alter von 7 bis 8 Wochen machen die jungen Enten ihre ersten Flugversuche.

Die Nahrung der Tafelenten besteht vorwiegend aus grünen Wasserpflanzenteilen und Samen. Die Jungen und zum Teil auch die Altvögel ernähren sich auch von Krusten- und Weichtieren, Insekten und ihren Larven. Bei der Nahrungssuche tauchen die Vögel 1,5 bis 2,5 m tief.

Länge:
♂ 46 cm
♀ 42 cm
Geschlechtsdimorphismus

Gewicht:
etwa 1 kg

Ruf:
♂ pfeifendes „Bibi bibi" und „Wäck wäck"
♀ heiseres „Glrrr" oder „Gagagaag grä grä"

Eiergröße:
55,8 bis 68,5 × 39,0 bis 46,9 mm

° Moorente

Aythya nyroca

Entenvögel
Anatidae

° Vogelart, die dem Jagdrecht unterliegt, mit ganzjähriger Schonzeit.

Die Moorente ist in Süd- und Südosteuropa verbreitet, lebt aber auch in Südspanien. Im Mittelmeergebiet ist sie ein Standvogel, aus den übrigen Nistgebieten zieht sie in die Mittelmeerländer, um zu überwintern.

Die Moorenten treten nie in großen Schwärmen auf. Zu ihren Nistplätzen kehren sie Ende März oder im April in Paaren zurück. Sie suchen vor allem am Ufer stark bewachsene, stehende Gewässer auf, die jedoch auch offene Wasserflächen haben. Die Paare halten sich auf dem Wasser im Röhricht auf. Das Weibchen baut sein Nest auf dem Boden versteckt in dichtem Schilf oder Riedgras in der Nähe des Wassers und polstert es mit grünen Pflanzenteilen aus. Die Daunenfedern, mit denen das Weibchen das Gelege zudeckt, sind graubraun und an der Spitze und im Mittelteil heller gefärbt. Das Weibchen legt im Mai oder Juni 6 bis 12 Eier und bebrütet sie allein 25 bis 28 Tage. Schon am zweiten Tag nach dem Schlüpfen schwimmen und tauchen die Jungen sehr flink und im Alter von acht Wochen können sie fliegen.

Die Nahrung der Moorenten besteht zum größeren Teil aus Pflanzen, die sie vor allem unter der Wasseroberfläche finden, sie jagen jedoch auch kleine Wirbellose.

Länge:
♂ 42 cm
♀ 40 cm
Geschlechtsdimorphismus

Ruf:
mehrmals wiederholte Laute wie „grrr grrr"

Eiergröße:
47,2 bis 62,8 × 33,7 bis 43,0 mm

Lt. Rote Liste der gefährdeten Tiere und Pflanzen bei uns 0 = Ausgestorben oder verschollen.

° Graugans
Anser anser

Entenvögel
Anatidae

° **Vogelart, die dem Jagdrecht unterliegt.**

Die Graugans ist die Stammutter unserer Hausgans, ihre Heimat ist Schottland, Island, die Küsten Skandinaviens und ein Teil Mittel- und Südosteuropas. In Schottland ist die Graugans ein Standvogel, die Populationen aus Nord- und Mitteleuropa überwintern im Mittelmeergebiet. Die ziehenden Exemplare verlassen ihre Niststätten im September und Oktober und kehren in der Regel im März dorthin zurück. Sie bevorzugen größere stehende Gewässer, Seen und Teiche mit alten Schilf- und Rohrbeständen.

Die Graugänse leben in dauernder Gemeinschaft mit einem Partner. Gleich nach ihrer Rückkehr beziehen und verteidigen sie meistens dasselbe Nistrevier. Das Nest baut das Weibchen allein aus Pflanzen der nächsten Umgebung. Der Nestrand wird dicht mit Daunenfedern ausgepolstert. Das Weibchen legt meistens 4 bis 9 Eier, die es allein in 27 bis 30 Tagen ausbrütet. Während der Brutzeit hält sich das Männchen in der Nähe des Nestes auf und verfolgt wachsam das Geschehen in der Umgebung. Um die geschlüpften Jungen kümmern sich beide Partner. Das Männchen bewacht die Familie und bei Bedrohung durch einen Raubvogel stürzt es sich beherzt auf den Feind. Im Alter von 57 Tagen sind die Jungen flugfähig, sie halten sich jedoch auch weiterhin bei ihren Eltern auf. Die Familien schließen sich dann zu großen Schwärmen zusammen.

Die Nahrung der Graugans besteht vor allem aus grünen Pflanzenteilen und verschiedenen Samen.

Länge:
♂ 82,5 cm
♀ 70,5 cm
Männchen und Weibchen sind gleich gefärbt

Ruf:
das bekannte „Gagagag"

Eiergröße:
74,0 bis 99,0 × 51,4 bis 62,0 mm

° Höckerschwan

Cygnus olor

Entenvögel
Anatidae

° Vogelart, die dem Jagdrecht unterliegt.

Der Höckerschwan ist in England, Nordwest- und Mitteleuropa, Südschweden und in Südosteuropa im Gebiet um die Nordküste des Schwarzen Meeres und um den Kaspisee beheimatet. In dem größten Teil seines Verbreitungsgebiets ist er ein Standvogel, im Winter treibt er sich jedoch herum. Die Populationen aus den nördlicheren Teilen Europas sind Zugvögel, die an der Ostseeküste überwintern und manchmal bis nach Belgien und Holland kommen. In vielen Gegenden ist der Höckerschwan teilweise domestiziert.

Ende März oder im April kehrt der Höckerschwan in sein Nistgebiet zurück. Er lebt in ständiger Partnerschaft mit einem Weibchen. Das ziemlich große Nest baut das Weibchen, das Männchen hilft beim Herbeischaffen des Baumaterials aus der Umgebung. Das Weibchen legt 4 bis 7 Eier, die es vorwiegend allein ausbrütet. Das Männchen hält sich in der nächsten Umgebung des Nestes auf, bewacht die Familie und fällt jeden Eindringling in das Nistrevier erbittert an. Die Jungen schlüpfen durchschnittlich nach 35 Tagen und werden von beiden Eltern betreut. Sie sind grau gefärbt. Erst nach 4,5 Monaten sind sie flugfähig und nach 4 Jahren erreichen sie ihre Reife.

Der Höckerschwan ernährt sich vor allem von pflanzlicher Nahrung, zum Teil auch von kleinen Lebewesen.

Länge:
♂ 159 cm
♀ 155 cm
Männchen und Weibchen sind gleich gefärbt

Gewicht:
10 kg

Ruf:
die Vögel zischen

Eiergröße:
98,8 bis 122,0 × 68,0 bis 80,0 mm

° Roter Milan

Rotmilan, Königsweih, Gabelweih
Milvus milvus

Greife
Accipitridae

° **Vogelart, die dem Jagdrecht unterliegt, mit ganzjähriger Schonzeit.**

Der Rote Milan, ein schöner Raubvogel, ist in allen wärmeren Gebieten Europas verbreitet. Er bewohnt Spanien, Italien und Südosteuropa, Frankreich, Mitteleuropa und den Westteil Osteuropas. Man trifft ihn auch in Westengland und Südschweden an. In den südlichen Gebieten tritt er stellenweise sehr zahlreich auf, in den nördlicheren gehört er jedoch zu den Seltenheiten. In England und dem Mittelmeergebiet ist er ein Standvogel, aus den übrigen europäischen Nistrevieren zieht er Ende August oder im September in den Süden und überwintert in Südeuropa oder Nordafrika. Beim Zug schließen sich die Vögel zu Schwärmen von 50 bis 200 Exemplaren zusammen, die gemeinsam auf Beutejagd gehen und in Wäldern übernachten. Der Rote Milan kommt vor allem im Flachland in Wassernähe vor.

Im März oder Anfang April kehrt der Rote Milan in sein Nistrevier zurück. Das Nest baut er im April bis Mai auf den höchsten Bäumen der Gegend und polstert es mit Stroh, kleinen Stoffetzen, Papier und Lederresten aus. Das Nest hat einen Durchmesser von etwa 1 m. Es kommt aber auch vor, daß sich ein Milan das Nest eines anderen Raubvogels oder eines Reihers aneignet. Das Weibchen legt 2 bis 4 Eier, die es vorwiegend allein 28 bis 30 Tage bebrütet. Die Jungen verlassen das Nest nach 40 bis 54 Tagen.

Der Rote Milan ernährt sich von verschiedenen Wirbellosen und kleinen Wirbeltieren.

Länge:
62 cm
Männchen und Weibchen sind gleich gefärbt

Flügelspannweite:
145 bis 155 cm

Ruf:
trillerndes „Hiäh-hihihihi-hiäh"

Eiergröße:
51,5 bis 63,0 × 40,2 bis 49,0 mm

Lt. Rote Liste der gefährdeten Tiere und Pflanzen bei uns 2 = Stark gefährdet.

° Schwarzer Milan

Schwarzmilan
Milvus migrans

Greife
Accipitridae

° **Vogelart, die dem Jagdrecht unterliegt, mit ganzjähriger Schonzeit.**

Den Schwarzen Milan kennzeichnet ein eleganter schaukelnder Flug über Flüssen, Seen oder Teichen. Er bewohnt fast ganz Europa mit Ausnahme der Westküsten, Englands und Skandinaviens. In Mitteleuropa kommt er nur selten vor. Man kann ihn hier auf seinem Zug nach Afrika, wo er überwintert, beobachten. Seine Niststätten verläßt er im August bis September und kehrt im März dorthin wieder zurück.

Der Schwarze Milan hält sich in Laub-, Nadel- oder Mischwäldern im Tiefland, meistens in der Nähe stehender oder fließender Gewässer, auf. Sehr gern läßt er sich auch in Kolonien von Reihern, Kormoranen und anderen Fische fangenden Vögeln nieder, wo er ausreichend Fischreste findet.

Im Frühling kann man in großer Höhe die Hochzeitsflüge dieser Vögel beobachten. Das Nest liegt auf Bäumen und besteht aus nachlässig übereinandergehäuften Zweigen und Holzstöckchen. Das Weibchen legt 2 bis 3 Eier, die es 28 Tage bebrütet, dabei löst das Männchen es zeitweilig ab. Die Jungen verlassen das Nest nach 42 bis 45 Tagen.

Der Schwarze Milan ernährt sich von Kadavern, Fischresten und eingegangenen Jungen in den Reiherkolonien. Er sammelt auch Reste von Lebewesen, die auf der Wasseroberfläche schwimmen, über der er oft flügelschlagend an einer Stelle steht.

Länge:
57 cm
Männchen und Weibchen sind gleich gefärbt

Flügelspannweite:
114 bis 118 cm

Ruf:
trillerndes „Hühühhü-üü . . .“

Eiergröße:
46,0 bis 61,0 × 37,0 bis 46,5 mm

Lt. Rote Liste der gefährdeten Tiere und Pflanzen bei uns 3 = Gefährdet.

○ Rohrweihe

Greife
Accipitridae

Rohrweih
Circus aeruginosus

○ **Vogelart, die dem Jagdrecht unterliegt, mit ganzjähriger Schonzeit.**

Die Rohrweihe, ein brauner Raubvogel, segelt geschickt niedrig über dem Röhricht. Ausgedehntes Schilfröhricht ist auch die Heimat dieses Vogels, man kann ihm aber auch auf Torfmooren, in Südeuropa sogar auf Feldern in Wassernähe, begegnen. Die Rohrweihe ist in fast ganz Europa verbreitet und kommt als Gast auch in Irland und Norwegen vor. Aus Mittel- und Osteuropa zieht sie im August oder Anfang September nach Afrika oder Vorderasien. Die Populationen aus dem Süden und Westen sind Standvögel, die sich im Winter in der Umgebung ihrer Nistplätze aufhalten.

Ende März bis Mitte April kehrt die Rohrweihe zu ihren Nistplätzen zurück. Im Mai oder Juni baut sie im Schilf aus Zweigen und Wasserpflanzen ihr Nest. Das Weibchen legt 3 bis 6 Eier, die es allein 30 bis 33, manchmal bis 37 Tage bebrütet. Während der Brutzeit bringt ihm das Männchen die Nahrung an das Nest. Nach dem Schlüpfen bringt das Männchen auch das Futter für die Jungen, das Füttern selbst erfolgt aber nur durch die Mutter. Sobald die Jungen größer geworden sind, geht auch das Weibchen auf Nahrungssuche. Im Alter von 40 bis 50 Tagen sind die Jungen flugfähig.

Der Rohrweihe fallen kleine Säugetiere und Vögel, gelegentlich auch Fische, Frösche, manchmal Vogeleier und Insekten zum Opfer. Enten greift dieser Raubvogel in der Regel nicht an und das Erscheinen der Rohrweihe beunruhigt sie deshalb nicht.

Länge:
52 cm
Das Weibchen hat einen ockergrauen Kopf

Flügelspannweite:
116 bis 126 cm

Ruf:
♂ während der Balz ein glockenhelles „Kuiih"
♀ pfeifendes „Hiääh"

Eiergröße:
43 bis 56,0 × 34,5 bis 44,5 mm

Lt. Rote Liste der gefährdeten Tiere und Pflanzen bei uns 4 = Potentiell gefährdet.

° Kornweihe

Kornweih

Circus cyaneus

Greife

Accipitridae

° Vogelart, die dem Jagdrecht unterliegt, mit ganzjähriger Schonzeit.

Länge:
47 cm
Geschlechtsdimorphismus

Flügelspannweite:
103 bis 108 cm

Ruf:
♂ während des Hochzeitsfluges Laute wie „äh gri gägägägäg" oder nur „gegegeg"
♀ piepende „Giä giä giä giä"

Eiergröße:
39,3 bis 52,1 × 31,0 bis 40,0 mm

Lt. Rote Liste der gefährdeten Tiere und Pflanzen bei uns 1 = Vom Aussterben bedroht.

Die Kornweihe, einer der schönsten Raubvögel, bewohnt fast ganz Europa. Die Populationen Nord- und Osteuropas sind Zugvögel, die Ende August ihre Nistreviere verlassen und im Mittelmeergebiet und Nordafrika überwintern. In den übrigen Teilen Europas sind sie Standvögel, nur vereinzelte Exemplare ziehen ebenfalls nach dem Süden. Die Kornweihe lebt in offenen Landschaften mit ausgedehnten Wiesen, Torfmooren oder Sümpfen, sie kommt aber auch in den Steppen vor.

Zu ihren Niststätten kehrt sie im April zurück und bald nach ihrer Rückkehr kann man hoch in der Luft die Hochzeitsspiele dieser Vögel beobachten. Beide Partner bauen im April oder im Mai auf dem bloßen Boden ihr kleines Nest aus Zweigen, Schilfhalmen und Gras.

Das Weibchen legt 3 bis 5, ausnahmsweise bis 8 Eier, die es allein 29 bis 30 Tage bebrütet. Das Männchen bringt ihm während der Brutzeit das Futter an das Nest und kümmert sich dann auch um die Nahrung für die Jungen. Es füttert nicht, sondern übergibt die Beute dem Weibchen, das sie zerteilt und damit die Jungen füttert. Im Alter von 35 bis 42 Tagen unternehmen die Jungen ihre ersten vorsichtigen Flugversuche.

Die Nahrung der Kornweihe besteht vor allem aus kleinen Säugetieren wie Feld- und Wühlmäusen, seltener fängt sie auch ein Kaninchen, einen kleinen Hasen oder Vögel bis zur Größe eines Fasans. Auf Vogeljagd geht sie allerdings nur bei Nahrungsmangel. Ihre Beute fängt sie meistens am Boden.

° Wiesenweihe

Wiesenweih
Circus pygargus

Greife
Accipitridae

° **Vogelart, die dem Jagdrecht unterliegt, mit ganzjähriger Schonzeit.**

Die zahlenmäßig nicht stark vertretene Wiesenweihe lebt in West-, Süd-, Mittel- und Osteuropa. Sie ist ein Zugvogel, der im August oder September bis ins tropische Afrika oder nach Südafrika zieht. Aus den entfernten Winterquartieren kehrt sie Ende April oder Anfang Mai in ihre Heimat zurück. Sie bewohnt sumpfige Wiesen, trockene Torfmoore oder größere Röhrichtstriche. Bald nach ihrer Rückkehr kann man die auffallenden Hochzeitsflüge dieser Vögel beobachten.

Das Nest aus kleinen Zweigen und Schilfhalmen bauen die Wiesenweihen auf dem Boden. Das Weibchen legt in Intervallen von 36 Stunden bis zu 3 Tagen in der Regel 4 bis 5 Eier, die es allein 28 bis 29 Tage bebrütet. Das Männchen bringt dem brütenden Weibchen die Nahrung, später geht es auch selbst für die Jungen auf Beutejagd. Die Beute wird vom Männchen teilweise gerupft, dem Weibchen übergeben, das dann erst die Jungen füttert. Erst nach etwa drei Wochen beginnt auch das Weibchen mit der Futterbeschaffung für die Jungen. Sobald die Jungvögel imstande sind, die Beute selbst zu zerreißen, übergibt ihnen auch das Männchen direkt die Nahrung.

Die Nahrung der Wiesenweihe bilden kleine Säugetiere, auch Eidechsen und Vogeleier. Manchmal fängt sie auch kleinere Vögel und größere Insekten wie Heuschrecken und Maulwurfsgrillen. Ihre Beute fängt sie am Boden; die Beutejagd dauert oft bis zum Einbruch der Dämmerung. Am Boden ruht der Vogel auch, er übernachtet nicht auf Bäumen.

Länge:
42,5 cm
Geschlechtsdimorphismus

Flügelspannweite:
109 cm

Ruf:
ähnlich wie der der Kornweihe beim Segelflug auch „kä kä"

Eiergröße:
36,0 bis 47,2 × 29,5 bis 35,7 mm
Die Eier sind reinweiß seltener gefleckt

Lt. Rote Liste der gefährdeten Tiere und Pflanzen bei uns 1 = Vom Aussterben bedroht.

° Fischadler
Pandion haliaetus

Fischadler
Pandionidae

° Vogelart, die dem Jagdrecht unterliegt, mit ganzjähriger Schonzeit.

Der Fischadler, ein ungewöhnlich schöner Raubvogel, bewohnt Nord- und Osteuropa, kommt aber auch an der Südküste Spaniens vor. Er ist ein Zugvogel, der im August und September seine Heimat verläßt und im tropischen oder Südafrika überwintert. Der Fischadler lebt an ausgedehnten Binnenseen oder Teichen, man kann ihm aber auch an der Meeresküste begegnen.

Der Fischadler kehrt im April oder Anfang Mai zu seinen Niststätten zurück. Den Platz für das Nest wählt das Männchen, es liegt auf hohen Bäumen, mindestens 15 m über dem Boden, und ist aus starken, trockenen, entrindeten Zweigen gebaut. Im April oder Mai legt das Weibchen 2 bis 4 Eier, die es 35 bis 36 Tage bebrütet. Manchmal wird es dabei vom Männchen abgelöst, das sich auch um die Nahrung kümmert, die es auf den Nestrand ablegt. Die Jungen verlassen das Nest nach 51 bis 70 Tagen. Sie werden auch dann noch etwa einen Monat von den Altvögeln gefüttert.

Die Nahrung des Fischadlers bilden Fische, die er leicht erbeuten kann, weil er entsprechend ausgestattet ist; seine Zehen mit langen gekrümmten Krallen können in Paaren einander gegenübergestellt werden. Bei der Beutesuche fliegt der Fischadler etwa 25 m über der Wasserfläche und steht oft flatternd an einer Stelle. Wenn er seine Beute erspäht hat, stürzt er sich derart heftig ins Wasser, daß er oft unter die Oberfläche versinkt. Mit seiner Beute in den Krallen fliegt er auf einen Baum, wo er sie verzehrt. Auch Fische, die mehr als 2 kg wiegen, fallen ihm zum Opfer.

Länge:
55 cm
Männchen und Weibchen sind gleich gefärbt

Flügelspannweite:
155 bis 170 cm

Ruf:
etwa:
„tjipp-tjipp-tjipp-tjüpp-tjöpp-tjöpp"
am Nest auch „kjück kjück"

Eiergröße:
50,4 bis 69,0 × 40,2 bis 52,0 mm

Lt. Rote Liste der gefährdeten Tiere und Pflanzen bei uns 0 = Ausgestorben oder verschollen.

° Rotfußfalke

Falco vespertinus

Falken
Falconidae

° **Vogelart, die dem Jagdrecht unterliegt, mit ganzjähriger Schonzeit.**

Der Rotfußfalke ist ein schöner Raubvogel. Er hat seine Heimat in Ost- und Südosteuropa, kommt aber auch im östlichen Mitteleuropa vor. Während seines Zugs kommt er als Gast auch nach England, Frankreich, Spanien und in die südlicheren Gebiete Mitteleuropas. Er ist in allen Fällen ein Zugvogel, der Ende August oder Anfang September seinen Zug in das tropische Afrika oder nach Südafrika antritt.

Die Rotfußfalken sind gesellige Vögel, die in der Regel in Kolonien nisten. Sie kehren im April oder Anfang Mai zu ihren in Wassernähe gelegenen Niststätten zurück. Das Weibchen legt im Mai oder Juni, seltener auch im Juli, 4 bis 5 Eier, die es abwechselnd mit dem Männchen etwa 28 Tage bebrütet. Nach dem Schlüpfen der Jungen bringt das Männchen die Nahrung dem Weibchen, das die Jungen füttert. Die erwachsenen Jungen füttert das Männchen auch selbst. 28 bis 30 Tage bleiben die jungen Rotfußfalken im Nest. Sie werden aber auch danach noch einige Zeit von den Eltern gefüttert. Nach der Nistzeit halten sich die Familien in der Umgebung auf und schließen sich später für den Zug zu großen Schwärmen zusammen.

Die Rotfußfalken ernähren sich vorwiegend von Insekten. Sie gehen gern in Schwärmen auf Nahrugssuche und fangen über der Wasseroberfläche stehender oder fließender Gewässer Käfer, Schmetterlinge. Auch nach Sonnenuntergang fliegen sie auf Nahrungssuche.

Länge:
♂ 28 cm
♀ 30 cm
Geschlechtsdimorphismus

Flügelspannweite:
70 bis 72 cm

Ruf:
ein der Stimme des Wendehalses ähnelndes „Gif gif gif"

Eiergröße:
30,7 bis 42,0 × 26,3 bis 32,5 mm

Lt. Rote Liste der gefährdeten Tiere und Pflanzen bei uns unter I = Vermehrungsgäste.

* Kranich

Grus grus

Kraniche
Gruidae

*** Gesetzlich besonders geschützt.**

Der mächtige Kranich bewohnt heute nur noch Nord- und Nordosteuropa und die nördlichen Gebiete Mitteleuropas. Die Kraniche ziehen bis in den Sudan und nach Äthiopien, manche überwintern auch im Mittelmeergebiet. Ihre Heimat verlassen sie im September bis Oktober und kehren in der Zeit zwischen Mitte März und Mitte April wieder zu ihren Niststätten zurück. Sie leben in Sumpfgebieten mit Seen, auf ausgedehnten Wiesen in der Nähe von großen Seen und Teichen.

Die Balz dieser Vögel geht auffallend und laut vor sich. Sie lassen trompetende Laute hören, springen mit ausgebreiteten Flügeln hoch, springen auf einem Bein herum, laufen in Kreisen umher, und ihr Verhalten erweckt den Eindruck eines Tanzes. Ihr Nest bauen die Kraniche auf kleinen, flachen Inseln oder auf niedergedrücktem Schilf in Sümpfen. Es besteht aus Schilfhalmen und kleinen Zweigen. Es ist an trockenen Stellen niedrig, an feuchten Stellen hoch und breit gebaut. Das Weibchen legt im April oder Mai in der Regel 2 Eier, die es abwechselnd mit dem Männchen 28 bis 31 Tage bebrütet. Nach dem Schlüpfen sind die Jungen schon sehr rege und können auch schon gut schwimmen. Auch wenn die Jungen erwachsen sind, bleibt die Familie beisammen. Später schließen sich die Vögel mit anderen Familien zu Schwärmen zusammen.

Die Kraniche ernähren sich von Samen, Getreide, grünen Pflanzenteilen, Insekten, Weichtieren und fangen hier und da auch kleine Wirbeltiere.

Länge:
♂ 122 cm
♀ 112 cm
Männchen und Weibchen sind gleich gefärbt

Flügelspannweite:
etwa 220 cm

Ruf:
laute trompetende Töne
In Nestnähe Laute wie „grrrk grrrk"

Eiergröße:
85,0 bis 109,0 × 56,0 bis 67,0 mm

Lt. Rote Liste der gefährdeten Tiere und Pflanzen bei uns 1 = Vom Aussterben bedroht.

* Wasserralle
Rallus aquaticus

Rallen
Rallidae

*** Gesetzlich besonders geschützt.**

Die Heimat der Wasserralle ist ganz Europa mit Ausnahme der nördlichsten Gebiete. In West- und Südeuropa ist sie ein Standvogel, aus den übrigen Verbreitungsgebieten zieht sie im September bis Oktober in ihre, meistens im Mittelmeergebiet gelegenen Winterquartiere.

Im März bis April kehren die Wasserrallen zu ihren Niststätten zurück, wo sie sich im dichten Pflanzenbestand von See- und Teichufern, aber auch in Sumpfgegenden und Torfmooren aufhalten. Dort baut das Paar auch sein sorgfältig verstecktes Nest aus trockenen und grünen Pflanzenteilen.

Im April bis Mai legt das Weibchen meistens 6 bis 12, in seltenen Fällen bis 16 Eier, die es abwechselnd mit seinem Partner 19 bis 21 Tage bebrütet. Im Juni bis August baut das Paar ein weiteres Nest und nistet ein zweites Mal. Die geschlüpften Jungen sind schwarz, äußerst rege, und bald nach dem Trockenwerden laufen sie geschickt im dichten Schilf umher. Die Altvögel bringen ihnen die Nahrung im Schnabel, von dort picken die Jungen sie selbst heraus. Die Wasserrallen fressen Insekten und deren Larven, Weichtiere, Spinnen, aber auch grüne Pflanzenteile und im Herbst verschiedene kleine Samen.

Die Wasserralle ist vor allem in der Dämmerung und nachts aktiv, tagsüber hält sie sich verborgen. Beim Gehen streckt sie ihren Kopf vor und macht zuckende Bewegungen. Sie kann auch schwimmen und tauchen.

Länge:
28 cm
Männchen und Weibchen sind gleich gefärbt

Ruf:
„krruih" ein oft wiederholtes „Pit" während der Balz „köp-köp-köp . . ." dann glockenhelles „Köp-köp-köp-kep-kep-kip-kip-kirrr"

Eiergröße:
31,9 bis 40,0 × 23,5 bis 27,6 mm

Lt. Rote Liste der gefährdeten Tiere und Pflanzen bei uns 3 = Gefährdet.

* Tüpfelsumpfralle

Tüpfelsumpfhuhn
Porzana porzana

Rallen
Rallidae

*** Gesetzlich besonders geschützt.**

Die Tüpfelsumpfralle nistet in fast ganz Europa mit Ausnahme der nördlichsten Gebiete. In Spanien, Portugal und Irland kommt sie jedoch nicht vor. Ihre Heimat verläßt sie im September bis Oktober und überwintert in Südwesteuropa, im Mittelmeergebiet, aber vor allem in Nordwest- und Ostafrika. Sie zieht ausschließlich in der Nacht. Sie bewohnt Ufer dicht bewachsener Seen, Teiche, Sümpfe und Moore, die Ufer langsam fließender Gewässer, vor allem vegetationsreiche Flußdelten.

Mitte April kehren die Tüpfelsumpfrallen zu ihren Niststätten zurück. Ihre Nester bauen sie im Mai bis Juni, seltener schon Ende April, und im Juni bis Juli nisten sie ein zweites Mal. Das aus Schilf- und Rohrhalmen gebaute Nest liegt gut versteckt im dichten Röhricht. Das Weibchen legt meistens 8 bis 12 Eier, die es abwechselnd mit dem Männchen 18 bis 21 Tage bebrütet. Die Jungen bleiben nur einen oder zwei Tage im Nest und laufen dann im Schutz der dichten Vegetation in der Umgebung umher. Die Eltern bringen ihnen die Nahrung im Schnabel. Sie besteht in der Regel aus Insekten und deren Larven, Würmern und Spinnen. Ach wenn die Jungen aus dem zweiten Gelege geschlüpft sind, halten sich die Jungen aus dem ersten in der Nähe ihrer Eltern auf. Die Tüpfelsumpfralle ist ein stellenweise sehr verbreiteter Vogel, wegen ihrer verborgenen Lebensweise kann man sie jedoch öfter nur hören als sehen.

Länge:
23 cm
Männchen ähnlich gefärbt wie das Weibchen

Ruf:
zur Nistzeit pfeifendes „Huit" vor allem nach Eintritt der Dämmerung und nachts

Eiergröße:
29,1 bis 37,5 × 21,7 bis 26,8 mm

Lt. Rote Liste der gefährdeten Tiere und Pflanzen bei uns 2 = Stark gefährdet.

* Teichhuhn

Teichralle

Gallinula chloropus

Rallen

Rallidae

*** Gesetzlich besonders geschützt.**

Das Teichhuhn ist sehr stark in ganz Europa mit Ausnahme der nördlichsten Gebiete verbreitet. Die Populationen in den östlichen und nördlichen Teilen Europas sind Zugvögel.

Oft schon Mitte März kehren die Teichhühner zu ihren Niststätten zurück. Sie leben auf vegetationsreichen Seen, Teichen und langsam fließenden Gewässern. Beim Schwimmen machen sie mit dem Schwanz zuckende Bewegungen. Beide Partner bauen das aus trockenen Schilf- und Rohrhalmen geflochtene Nest. Das Paar nistet zum ersten Mal im April bis Mai, ein zweites Mal im Juni und Juli, und in Ausnahmefällen noch ein drittes Mal im August. Das Weibchen legt gewöhnlich 6 bis 8, seltener noch mehr Eier, die es abwechselnd mit dem Männchen 19 bis 22 Tage bebrütet. Die ersten zwei bis drei Tage nach dem Schlüpfen bleiben die Jungen, die schwarz gefärbt sind und einen rötlichen Kopf haben, im Nest und werden von den Eltern gefüttert. Dann schwimmen sie bereits mit den Eltern auf dem Wasser, halten sich jedoch immer im dichten Pflanzenwuchs versteckt. Die Altvögel bringen ihnen Insekten und deren Larven, Spinnen, kleine Weichtiere und auch die zarten Blätter der Wasserlinse. Im Herbst fressen die erwachsenen Vögel auch kleine Samen.

Das Teichhuhn fliegt nur ungern, wenn es jedoch gestört wird und sich nicht im Röhricht verbergen kann, fliegt es auf und erreicht zum Beispiel auch die Krone eines niedrigen Baumes.

Länge:
33 cm
Männchen und Weibchen sind gleich gefärbt

Ruf:
„kürrk“ oder Laute wie „dack-dack“

Eiergröße:
36,2 bis 54,0 × 26,0 bis 34,2 mm

° **Bläßhuhn**

Schwarzes Wasserhuhn
Fulica atra

Rallen
Rallidae

° **Vogelart, die dem Jagdrecht unterliegt.**

Das Bläßhuhn ist die am stärksten verbreitete Ralle. Es bewohnt ganz Europa mit Ausnahme der nördlichsten Gebiete. Aus Ost- und Nordeuropa zieht es im Oktober bis November in südwestlicher Richtung, die Populationen der übrigen Teile Europas sind Stand- oder Strichvögel. Im Winter hält sich das Bläßhuhn, oft in sehr großen Schwärmen, auf eisfreien Flüssen oder Seen auf.

Die Bläßhühner kehren im März zu ihren Niststätten zurück. Die einzelnen Paare beziehen ihre Brutreviere und beginnen im Röhricht, in Schilf- oder Riedgrasbeständen mit dem Nestbau. Das Nest liegt auf dem Wasser, oft schwimmt es auf der Wasseroberfläche, und aus dem Wasser führt zum Nest eine Brücke aus langen Schilfhalmen. Es besteht aus Stengel- und Blattstückchen, und manchmal bauen die Vögel aus abgebrochenen Pflanzenstengeln über das Nest eine Art Dach. Das Weibchen legt in der Regel 6 bis 9 Eier, die es abwechselnd mit seinem Partner 21 bis 22 Tage bebrütet. Für die Jungen sorgen beide Eltern. Die Jungen sind schwarz und haben einen orangeroten Kopf mit gelben Federenden. Die Eltern bringen ihnen die Nahrung im Schnabel.

Das Bläßhuhn ernährt sich vor allem von grünen Pflanzenteilen, im Herbst von Samen, zur Nistzeit fressen die Vögel auch kleine Wirbeltiere.

Länge:
38 cm
Männchen und Weibchen sind gleich gefärbt

Ruf:
helles „Köw“ oder „Kröw“ auch kurzes scharfes „Pix“

Eiergröße:
40,0 bis 61,0 × 31,2 bis 40,6 mm

* Kiebitz
Vanellus vanellus

Regenpfeifer
Charadriidae

*** Gesetzlich besonders geschützt.**

Der Kiebitz, einer der am stärksten verbreiteten Limikolen, bewohnt fast ganz Europa, nur in Portugal und Italien nistet er nicht. In der Zeit von August bis Oktober zieht er nach Südwesteuropa und Nordwestafrika, die Populationen aus Süd- und Westeuropa sind Standvögel.

Der Kiebitz kehrt manchmal schon Ende Februar, häufiger im März zu seinen Niststätten zurück. Er hält sich auf feuchten Wiesen und Feldern in der Nähe von Seen, Teichen und Flüssen auf. Kiebitze sind gewandte Flieger, die man im Frühjahr bei ihren Hochzeitsflügen beobachten kann. Die Balz verläuft häufig auf dem Boden, wo beide Partner gegenseitig umeinander herumlaufen. Ende März, im April, manchmal im Mai baut der Kiebitz auf einer Wiese oder einem Feld in einer flachen Bodenmulde sein schütter mit Blättern, Halmen oder kleinen Zweigen ausgepolstertes Nest.

Das Weibchen legt, wie alle Regenpfeifer, meistens 4 Eier, die es abwechselnd mit dem Männchen 24 bis 28 Tage bebrütet. Die gefleckten Jungen bleiben einen oder zwei Tage im Nest und halten sich dann in der Umgebung auf. Nach 5 Wochen fangen die jungen Kiebitze an zu fliegen und schließen sich zu größeren Schwärmen zusammen, die bis zum Abflug in die Winterquartiere herumstreichen.

Der Kiebitz ernährt sich von Insekten und deren Larven, Spinnen, Weichtieren und kleinen Pflanzenteilen.

Länge:
32 cm
Männchen und Weibchen sind gleich gefärbt

Ruf:
glockenhelles „Kieh-wit" während der Balz Laute wie „chärrchui quiqui knui"

Eiergröße:
37,8 bis 60,4 × 27,8 bis 36,1 mm

* Flußregenpfeifer
Charadrius dubius

Regenpfeifer
Charadriidae

*** Gesetzlich besonders geschützt.**

Der kleine, zierliche Flußregenpfeifer ist in ganz Europa mit Ausnahme der nördlichsten Gebiete zu Hause. Er verläßt seine europäischen Niststätten im August oder September und überwintert in Afrika bis hin zum Äquator. Er bewohnt sandige Flußufer, trockene Stellen in Sümpfen bei Seen und Teichen.

Mitte April bis Anfang Mai kehrt er in der Regel zu seinen Niststätten zurück. Sein Nest ist eine flache Mulde im Boden, die er mit seinem Körper aushöhlt, wobei er angeschwemmten Kies und Geröll bevorzugt. Wenn die Nistmulde an einer sumpfigen Stelle liegt, legt er sie mit Steinchen, kleinen Muscheln oder Holzstückchen und Halmen aus. Beide Partner bebrüten die 4 Eiern, die das Weibchen im April bis Mai, und dann nochmals im Juni bis Juli legt, 22 bis 26 Tage. Die Jungen verlassen das Nest sofort nach dem Trockenwerden und folgen den Eltern. Mit 21 Tagen sind sie flugfähig.

Die Flußregenpfeifer fressen Insekten und deren Larven, Würmer, Spinnen, Weichtiere und kleine Krustentiere. Ihre Nahrung suchen sie in sumpfigem Boden, wo sie umherlaufen und mit den Beinen stampfen, um die im Boden versteckten Wirbellosen hervorzujagen.

Länge:
15 cm
Mänchen und Weibchen sind gleich gefärbt

Ruf:
pfeifendes „Diü" bei Erregung etwa „gigigig"

Eiergröße:
25,5 bis 35,5 × 20,9 bis 24,9 mm

* Bekassine

Schnepfenvögel
Scolopacidae

Heerschnepfe, Himmelsziege
Gallinago gallinago

*** Gesetzlich besonders geschützt.**

Die kleine Bekassine bewohnt ganz West-, Mittel-, Ost- und Nordeuropa. Von Juli bis September zieht sie aus den Nistrevieren nach Afrika, bis nach Uganda im Süden. Viele dieser Vögel überwintern jedoch schon in Südwest-, Süd- und Westeuropa, wo die Populationen zum Teil Standvögel sind.

Die Bekassine kehrt im März bis April zu ihren Niststätten auf sumpfigen und feuchten Wiesen in der Nähe von Teichen und Seen zurück. Stellenweise ist sie sehr zahlreich vertreten. Im April bis Mai, manchmal auch erst im Juni, baut sie in einer im Gras oder Riedgras gelegenen Mulde ihr Nest aus trockenen Halmen und langen Blättern.

Das Weibchen legt 4 schöngefärbte Eier, die es allein 19 bis 21 Tage bebrütet. Die Jungen verlassen bald nach dem Schlüpfen das Nest und leben versteckt im hohen Gras der Umgebung. Sie sind braunschwarz und weiß gefleckt und entgehen wegen dieser Schutzfärbung der Aufmerksamkeit ihrer Feinde. Um die Jungen kümmern sich gemeinsam beide Altvögel. Während der ersten Lebenstage der Jungen bringen sie ihnen oft die Nahrung im Schnabel. Im Alter von 20 Tage beginnen die Jungen mit ihren ersten Flugversuchen. Im Herbst schließen sich die Bekassinen zu Schwärmen zusammen.

Ihre Nahrung besteht vor allem aus Insekten und deren Larven, auch aus kleinen Weichtieren, Würmern, Spinnen und anderen Wirbellosen. Die Bekassine gehört zu den Jagdvögeln.

Länge:
26,5 cm
Männchen und Weibchen sind gleich gefärbt

Ruf:
am Boden Laute wie „ticke ticke ticke"
♂ während der Balz wie „huhuhu"

Eiergröße:
35,0 bis 42,9 × 26,3 bis 31,0 mm

Lt. Rote Liste der gefährdeten Tiere und Pflanzen bei uns 2 = Stark gefährdet.

* Uferschnepfe
Limosa limosa

Schnepfenvögel
Scolopacidae

*** Gesetzlich besonders geschützt.**

Die Uferschnepfe, ein stattlicher Regenpfeifervogel, lebt in Osteuropa, den nördlichen Gebieten Mitteleuropas, im Südzipfel Schwedens, in Island, Südostengland und Westfrankreich und in der letzten Zeit häufig auch in Mitteleuropa. Ende Juli und im August zieht sie in ihre Winterquartiere, vor allem in das Mittelmeergebiet, aber auch an die Küsten Westeuropas.

Im März bis April kehren die Uferschnepfen in kleinen Schwärmen zu ihren Niststätten zurück. Sie bevorzugen Torfmoore und große Wiesen bei Teichen und Seen. Im April oder Mai bauen diese Vögel in einer flachen Bodenmulde ihr einfaches, im Gras verstecktes Nest, das sie dürftig mit Halmen und Blättchen auspolstern.

Das Weibchen legt 4 gefleckte Eier, die durch ihre Färbung gut getarnt sind, und bebrütet sie abwechselnd mit dem Männchen 24 Tage. Die Jungen verlassen bald nach dem Schlüpfen das Nest und halten sich in seiner Umgebung im Gras verborgen.

Die Nahrung der Uferschnepfe besteht aus Insekten und deren Larven, Würmern, Weichtieren, Spinnen, kleinen Krustentieren und anderen Wirbellosen. Nach dem Nisten halten sich die Uferschnepfen an sumpfigen Stellen der Umgebung auf.

Länge:
40,5 cm
Männchen und Weibchen sind gleich gefärbt

Ruf:
öfters wiederholtes „Greta greta"

Eiergröße:
45,3 bis 63,9 × 32,4 bis 41,3 mm

Lt. Rote Liste der gefährdeten Tiere und Pflanzen bei uns 3 = Gefährdet.

* Rotschenkel
Sumpfwasserläufer
Tringa totanus

Schnepfenvögel
Scolopacidae

*** Gesetzlich besonders geschützt.**

Der Rotschenkel ist in fast ganz Europa beheimatet. In manchen Teilen West- und Südeuropas kommt er jedoch nur stellenweise vor. Er überwintert vor allem im Mittelmeergebiet und an den westeuropäischen Küsten, wohin er im Juli bis September fortzieht. In England ist er ein Standvogel.

Mitte März bis April kehrt der Rotschenkel zu seinen Niststätten zurück. Sein normales Biotop sind vor allem nasse Wiesen, Moore, Sümpfe und Flußufer. Sein nur schütter mit trockenen Halmen und Blättern ausgepolstertes Nest baut er sorgfältig versteckt in einer flachen Bodenmulde.

Das Weibchen legt im April bis Mai, manchmal erst im Juni, 4 Eier, die es abwechselnd mit dem Partner 22 bis 25 Tage bebrütet. Die Jungen verlassen das Nest bereits am zweiten Lebenstag und halten sich dann in der Umgebung auf. Sie werden von beiden Altvögeln betreut, suchen aber selbst ihr Futter. Schon nach 25 Tagen beginnen die ersten Flugversuche und im Alter von 40 Tagen sind sie schon erwachsen. Dann halten sie sich in der Nähe von sumpfigen Teich- und Flußufern auf und bereiten sich, soweit sie nicht Standvögel sind, auf ihren Zug in die Winterquartiere vor.

Die Rotschenkel ernähren sich von Insekten und deren Larven, Spinnen, Würmern, kleinen Weichtieren und anderen Wirbellosen. Gelegentlich fressen sie auch grüne Pflanzenteile.

Länge:
28 cm
Männchen und Weibchen sind gleich gefärbt

Ruf:
flötenartiges „Djüü" bei Gefahr
mehrmals wiederholtes „Gip gip"

Eiergröße:
38,6 bis 50,6 × 25,7 bis 33,5 mm

Lt. Rote Liste der gefährdeten Tiere und Pflanzen bei uns 2 = Stark gefährdet.

* Flußuferläufer

Tringa hypoleucos

Schnepfenvögel
Scolopacidae

*** Gesetzlich besonders geschützt.**

Der kleine, stets rege Flußuferläufer, bewohnt ganz Europa mit Ausnahme Islands. In seine Winterquartiere im Mittelmeergebiet, vor allem in Afrika, zieht er von Juli bis September. Mitte April bis Mai kehrt er wieder zu seinen Niststätten zurück. Er hält sich in Sumpfgebieten und Torfmooren auf.

Sein Nest baut der Flußuferläufer in einer flachen Bodenmulde, in der Regel unter überhängenden Pflanzen am Ufer von Gewässern. Der Nistkessel ist mit Halmen und Blättern ausgepolstert. Im Mai – und wenn das erste Gelege durch einen unglücklichen Zufall vernichtet wurde, auch im Juni oder Juli – legt das Weibchen 4 Eier. Das Brutgeschäft besorgt ausnahmsweise das Männchen, das vom Weibchen nur unregelmäßig abgelöst wird. Die Jungen schlüpfen nach 21 bis 23 Tagen. Sobald sie trocken sind, verlassen sie das Nest und laufen rege in der Umgebung umher. Auch die Jungen betreut vor allem das Männchen, das sie führt und schützt. Das Weibchen kümmert sich um die Familie nur einige Tage. Nach einem Monat sind die Jungen flugfähig. Dann schließen sich die Vögel zu kleinen Schwärmen zusammen und halten sich in der Nähe sumpfiger Stellen von Gewässern oder an seichten Stellen auf, wo sie ihre Nahrung suchen.

Die Flußuferläufer ernähren sich von Würmern, kleinen Krustentieren, von Insekten und deren Larven, von Spinnen, Tausendfüßlern und anderen kleinen Wirbellosen.

Länge:
19,5 cm
Männchen und Weibchen sind gleich gefärbt

Ruf:
beim Auffliegen Laute wie „hididi hididi" während der Balz trillerndes „Titihidi titihidi"

Eiergröße:
32,2 bis 40,2 × 22,5 bis 28,0 mm

* Waldwasserläufer

Tringa ochropus

Schnepfenvögel
Scolopacidae

*** Gesetzlich besonders geschützt.**

Der Waldwasserläufer gehört zu den stark verbreiteten Regenpfeifervögeln. Er bewohnt Süd- und Zentralskandinavien, außerdem Nordost- und Osteuropa. Ende Juli oder im August verläßt er seine Heimat und zieht in seine Winterquartiere nach Afrika, meistens bis in die Gebiete Äquatorialafrikas.

Ende März bis Anfang Mai kehrt er zu seinen Niststätten zurück. Während der Nistzeit hält er sich in Sümpfen oder an Seen und Flüssen auf, deren Ufer bewaldet sind. Er nistet nämlich, im Unterschied zu seinen Verwandten, auf Bäumen. Er baut kein eigenes Nest, sondern sucht verlassene Nester anderer Vögel, in die das Weibchen, ebenso wie andere Limikolen, 4 Eier legt, die beide Partner abwechselnd 20 bis 23 Tage bebrüten. Die Jungen bleiben nach dem Schlüpfen nur zwei Tage im Nest und lassen sich dann über den Nestrand hinunterfallen. Im weichen Gras oder Moos geschieht ihnen dabei nichts. Die Eltern betreuen die Jungen eine Zeitlang, bis sie selbständig genug sind. Ihre Nahrung besteht vor allem aus Insekten und deren Larven, sie fressen aber auch kleine Weich- und Krustentiere.

Länge:
23 cm
Männchen und Weibchen sind gleich gefärbt
Im Winter verlieren die Vögel ihre weißen Flecken

Ruf:
flötendes „Tit-lüit"
wenn sie aufgeschreckt werden Laute wie „gipgipgip"

Eiergröße:
34,6 bis 43,1 × 25,5 bis 30,5 mm

Lt. Rote Liste der gefährdeten Tiere und Pflanzen bei uns 4 = Potentiell gefährdet.

° Lachmöwe
Larus ridibundus

Möwen
Laridae

° **Vogelart, die dem Jagdrecht unterliegt.**

Die Lachmöwe gehört zu den zahlenmäßig am stärksten vertretenen Vögeln Europas. Sie nistet in Mittel-, West- und Osteuropa, in Skandinavien und an den Küsten Islands. Die Populationen aus dem Norden und Osten ziehen im Juli bis August in den Süden, während die Populationen aus den übrigen Teilen Europas zum Teil in ihrer Heimat überwintern und zum Teil ins Mittelmeergebiet ziehen. Im Winter suchen die Lachmöwen eisfreie Seen und Flüsse auf. Man kann sie auch in großen Schwärmen in Städten antreffen.

Die Lachmöwen kehren im März oder April schon gepaart in großen Schwärmen zu ihren Niststätten zurück. Auch beim Nisten leben die Lachmöwen in Kolonien.

Ihr Nest bauen beide Partner auf dem trokkenen Boden kleiner Inseln oder als „schwimmendes“ Nest auf der Wasserfläche. Direkt auf dem Boden ist das Nest nur spärlich ausgepolstert, während es auf dem Wasser aus Schilf- und Rohrstückchen gebaut, etwa bis zu 50 cm hoch ist. Das Weibchen legt in der Regel 3 Eier, die in der Färbung sehr variabel sind. Beide Partner brüten abwechselnd 20 bis 23 Tage lang. Die Jungen bleiben einige Tage im Nest. Die Nahrung bringt ihnen vor allem das Männchen. Manchmal übergibt es die Beute dem Weibchen, das dann die Jungen füttert.

Die Lachmöwe ernährt sich von Insekten, Würmern, Weichtieren und anderen Wirbellosen, manchmal auch von kleinen Wirbeltieren.

Länge:
37 cm
Männchen und Weibchen sind gleich gefärbt
Im Winterkleid haben die Vögel einen weißen Kopf

Ruf:
wiederholtes ,,Kirrä'' oder kurzes ,,Kr kr kr''

Eiergröße:
43,0 bis 66,0 × 31,3 bis 42,1 mm

* Trauerseeschwalbe

Trauerschwalbe
Chlidonias niger

Seeschwalben
Sternidae

*** Gesetzlich besonders geschützt.**

Ähnlich wie die große Rauchschwalbe fliegt auch die Trauerseeschwalbe elegant über die Wasserflächen. Sie ist in Ost-, Mittel-, Südwest- und Westeuropa verbreitet, nistet jedoch nicht auf den Britischen Inseln. Sie ist in allen Verbreitungsgebieten ein Zugvogel, der aus seiner Heimat im August bis Anfang September in seine entfernten Winterquartiere in Afrika zieht.

Die Trauerseeschwalbe kehrt schon Ende April oder Anfang Mai zu ihren Niststätten zurück und hält sich bei Teichen und Seen mit starkem Pflanzenwuchs auf. Sie ist ein geselliger Vogel. Auch zur Nistzeit bleiben mehrere Paare zusammen und bilden Kolonien. Ihr Nest bauen sie meistens auf niedergedrücktem Schilf an seichten Stellen oder auch auf kleinen „schwimmenden" Inseln. Das Nest bauen beide Partner aus trockenen Schilfhalmen.

Das Weibchen legt im Mai oder Juni in der Regel 3, seltener nur 2 Eier, die beide Partner abwechselnd 14 bis 17 Tage bebrüten. Beide Eltern füttern die Brut mit Insekten und deren Larven oder mit kleinen Fischen. Die Vögel jagen ihre Beute meistens gegen den Wind und erfassen sie dicht über der Wasseroberfläche mit der Schnabelspitze im Flug; manchmal lassen sie sich einen Augenblick lang auf dem Wasser nieder und fliegen dann gleich wieder auf. Fliegende Insekten fangen sie knapp über der Wasseroberfläche.

Länge:
25 cm
Männchen und Weibchen sind gleich gefärbt

Ruf:
kurzes „Krek"
oder „Krrr"

Eiergröße:
30,5 bis
40,2 × 22,5
bis 27,4 mm

Lt. Rote Liste der gefährdeten Tiere und Pflanzen bei uns 1 = Vom Aussterben bedroht.

* Flußseeschwalbe
Sterna hirundo

Seeschwalben
Sternidae

*** Gesetzlich besonders geschützt.**

Die Flußseeschwalbe ist in fast ganz Europa mit Ausnahme der nördlichsten Gebiete verbreitet; in manchen Landstrichen, zum Beispiel in Zentralspanien, kommt sie nicht vor. Ende Juli, in den südlicheren Gebieten Europas erst im September oder Oktober, verläßt sie ihre Heimat und überwintert am Persischen Golf, an den Küsten des Roten Meeres und an den Westküsten Afrikas. Die Flußseeschwalbe ist ein ausgezeichneter, gewandter Flieger.

In ihre Heimat kehrt die Flußseeschwalbe Ende April oder Anfang Mai zurück. Sie hält sich auf großen Seen oder Teichen und auch auf größeren Flüssen auf. Die Flußseeschwalben nisten in Kolonien. Auch zu ihren Niststätten kehren sie in größeren Kolonien zurück, und erst dort bilden sich die einzelnen Paare, die dann ihre Hochzeitsflüge unternehmen. Ihr Nest bauen sie in einer flachen Bodenmulde aus Hölzchen, Grashalmen, meistens an sumpfigen Stellen kleiner Inseln oder auf sumpfigen Anschwemmungen der Flüsse.

Im Mai bis Juni legt das Weibchen 3 Eier, die es abwechselnd mit dem Männchen 20 bis 24 Tage bebrütet. Die Alten füttern die Jungen mit Insekten und deren Larven, anderen Wirbellosen und kleinen Fischen. Oft stehen die Flußseeschwalben flatternd an einer Stelle über der Wasseroberfläche und halten mit herabhängendem Kopf nach Beute Ausschau. Wenn sie ihr Opfer erblicken, stürzen sie jäh ins Wasser und verschwinden manchmal auch unter der Oberfläche.

Länge:
35 cm
Männchen und Weibchen sind gleich gefärbt

Ruf:
Häufig Laute wie „krrriä" manchmal auch kurzes „Kick" oder „Keck"

Eiergröße:
35,3 bis 48,0 × 25,0 bis 32,8 mm

Lt. Rote Liste der gefährdeten Tiere und Pflanzen bei uns 2 = Stark gefährdet.

* Sumpfohreule

Asio flammeus

Eulen
Strigidae

*** Gesetzlich besonders geschützt.**

Auf offenen feuchten Wiesen in der Nähe von Teichen und Seen, oder an sumpfigen Stellen und in Torfmooren lebt die Sumpfohreule. Diese hübsche Eule, die durch ihre kurzen „Ohren" aus verlängerten Federn auffällt, ist in ganz Nord-, West-, Mittel- und Osteuropa verbreitet. Die Populationen aus den nördlichsten Gebieten sind Zugvögel, in den südlicher gelegenen Regionen sind die Sumpfohreulen Strichvögel. Aber auch von dort ziehen viele Exemplare in das Mittelmeergebiet oder noch weiter südlich bis ins tropische Afrika, um dort zu überwintern.

Im März bis Mitte April kehren sie zu ihren Niststätten zurück. Ihr Nest aus dicken Halmen bauen sie in Torfmooren oder auf feuchten Wiesen in einer flachen Bodenmulde und polstern es mit Blattstückchen und zarten grünen Pflanzenteilen aus.

Das Weibchen legt 4 bis 7, in Jahren, in denen sich kleine Nagetiere stark vermehren, auch bis 14 Eier. Die Eier bebrütet ausschließlich das Weibchen, und zwar bereits vom ersten Ei an, so daß auch die Jungen nacheinander in 24 bis 27 Tagen schlüpfen. Das Männchen hält sich in der Nähe auf und bewacht das Nest. Nach dem Schlüpfen der Jungen bringt das Männchen Futter für die ganze Familie. Die Jungen verlassen das Nest nach 3 bis 4 Wochen, halten sich dann in der Umgebung auf und machen im Alter von etwa 5 Wochen die ersten Flugversuche.

Die Sumpfohreule jagt Wühl- und Feldmäuse, seltener auch andere kleine Wirbeltiere.

Länge:
37 cm
Männchen und Weibchen sind gleich gefärbt

Flügelspannweite:
103 bis 107 cm

Ruf:
tiefes „Bububu" oder „Käwkäwkäw"

Eiergröße:
35,1 bis 45,0 × 29,0 bis 33,0 mm
Die Eier sind reinweiß

Lt. Rote Liste der gefährdeten Tiere und Pflanzen bei uns 2 = Stark gefährdet.

* Eisvogel
Alcedo atthis

Eisvögel
Alcedinidae

*** Gesetzlich besonders geschützt.**

Der Eisvogel, einer der am prächtigsten gefärbten Vögel, lebt in ganz Europa mit Ausnahme der nördlichsten Gebiete. In Skandinavien bewohnt er nur den südlichen Teil. Er verläßt seine Heimat auch im Winter nicht, er treibt sich herum und sucht eisfreie, meistens fließende Gewässer auf. Einzelne Exemplare, vor allem aus den nördlichsten Gebieten, unternehmen jedoch Reisen von mehreren Hundert Kilometern.

Zur Nistzeit bewohnt der Eisvogel stehende und fließende Gewässer aller Art, vorausgesetzt, daß sich in ihrer unmittelbaren Nähe ein Steilufer oder ein Damm befindet, in dem er sein Nistloch graben kann. Der zur 7 bis 10 cm hohen und 10 bis 13 cm breiten Nistkammer führende Gang ist 40 bis 100 cm lang. Die Vögel graben das Nistloch mit dem Schnabel und scharren mit den Füßen das Erdreich hinaus. Die Nistkammer polstern sie dann nicht mehr aus. Im Mai bis Juni und dann ein zweites Mal im Juni bis Juli legt das Weibchen 6 bis 7 Eier, die es vom ersten Ei an bebrütet. Die Jungen schlüpfen nach 18 bis 21 Tagen. Das Männchen bringt nicht nur dem brütenden Weibchen Nahrung, sondern löst es auch manchmal beim Brüten ab. Beide Eltern füttern ihre Jungen im Nistloch 23 bis 27 Tage und auch noch einige Tage nach dem Verlassen des Nestes. Wenn die Jungen flügge sind, verstreuen sie sich in der Umgebung. Die Eisvögel fangen kleine Fische, auch kleine Krustentiere und Wasserinsekten, wobei sie manchmal auch tauchen.

Länge:
16,5 cm
Männchen und Weibchen sind gleich gefärbt

Ruf:
Beim Flug langes „Tieht" oder kurzes „Tit tit tit"

Eiergröße:
20,3 bis 24,8 × 16,7 bis 20,0 mm
Die Eier sind reinweiß

Lt. Rote Liste der gefährdeten Tiere und Pflanzen bei uns 3 = Gefährdet.

* Bienenfresser

Merops apiaster

Bienenfresser
Meropidae

*** Gesetzlich besonders geschützt.**

Der Bienenfresser ist einer der buntesten europäischen Vögel und bewohnt warme Gebiete. Er lebt in Süd-, Südwest- und Südosteuropa, zum Teil auch in den wärmeren Gebieten Mittel- und Osteuropas. Aus allen europäischen Niststätten zieht er Ende August bis September nach Afrika oder Arabien, wo er überwintert. In seine Heimat kehrt er im April oder Mai zurück. Er hält sich in offener Landschaft in der Nähe von Flüssen, Teichen oder Seen auf, wo die einzelnen Paare dieses in Kolonien nistenden Vogels in senkrechte Ton- oder Sandwände an den Ufern – oft genügt ein ganz kleiner sandiger Wall – ihre 1,2 bis 2 m tiefen Nistlöcher graben.

Im Mai bis Juli legt das Weibchen auf den bloßen Boden der Nistkammer 5 bis 6, seltener auch bis 10 Eier, die beide Partner abwechselnd 20 bis 22 Tage bebrüten. Die Eltern füttern ihre Jungen 20 bis 30 Tage im Nest und noch eine Zeitlang nachdem sie das Nest verlassen haben. Die Bienenfresser jagen in der Luft vor allem Hautflügler wie Wespen, Hummeln und Bienen, aber auch fliegende Käfer, Libellen und Zikaden. Die Flügeldecken und andere chitinöse Hartteile der Insekten würgen sie aus. Die Bienenfresser sind gute und gewandte Flieger, die meistens in Gruppen auf Beutejagd fliegen. In der Luft sind sie sehr beweglich, am Boden dagegen unbeholfen. Deshalb sitzen sie in der Regel auf erhöhten Stellen. Bei den Bienenzüchtern sind die Bienenfresser nicht sehr beliebt, da sie oft große Schäden an den Stöcken anrichten.

Länge:
28 cm
Männchen und Weibchen sind gleich gefärbt

Ruf:
im Flug „prürrr" oder „krük krük" aufgeschreckt „pit"

Eiergröße:
22,5 bis 29,5 × 17,6 bis 23,6 mm
Die Eier sind reinweiß

Lt. Rote Liste der gefährdeten Tiere und Pflanzen bei uns unter I = Vermehrungsgäste.

* Wiedehopf

Upupa epops

Wiedehopfe
Upupidae

*** Gesetzlich besonders geschützt.**

Der Wiedehopf ist in ganz Europa mit Ausnahme der nordöstlichen Teile Skandinaviens und der Britischen Inseln verbreitet. In Dänemark und Island nistet er ebenfalls nicht, als Gast zeigt er sich manchmal in England und in Finnland. Die europäischen Populationen verlassen ihre Heimat im September und überwintern im tropischen Afrika.

Der Wiedehopf kehrt im April zu seinen Niststätten zurück. Er bewohnt offene Wiesenlandschaften in Wassernähe, die Umgebung von Teichen und Seen; man kann ihm auch in lichten Laubwäldern begegnen. Zur Nistzeit ist der Wiedehopf sehr scheu. Sein Nest baut er in verschiedenen Höhlungen.

Das Weibchen legt im Mai bis Juni, manchmal auch im Juli, in der Regel 6 bis 7 Eier, die es allein 16 bis 20 Tage bebrütet, wobei es vom Männchen gefüttert wird. Beide Eltern füttern die Jungen im Nest 24 bis 27 Tage. Bei der Futterverteilung gelten strenge Regeln: bei der Öffnung der Nisthöhle wartet eines der Jungen, übernimmt die Beute, und an seine Stelle schiebt sich sofort ein weiteres Familienmitglied. Das gesättigte Junge stellt sich sozusagen wieder hinten an und das Füttern der hungrigen Brut wird fortgesetzt, bis wieder die Reihe an das erste Junge kommt.

Die Nahrung des Wiedehopfs besteht hauptsächlich aus Insekten und deren Larven, die diese Vögel mit ihrem langen Schnabel im lockeren Boden, aber auch in den Exkrementen von Haustieren auf der Weide sammeln.

Länge:
28 cm
Männchen und Weibchen sind gleich gefärbt

Ruf:
typisches „Hupupup" bei Angst „wieh wieh"

Eiergröße:
23,1 bis 30,3 × 16,3 bis 19,8 mm

Lt. Rote Liste der gefährdeten Tiere und Pflanzen bei uns 1 = Vom Aussterben bedroht.

* Uferschwalbe

Riparia riparia

Schwalben
Hirundinidae

*** Gesetzlich besonders geschützt.**

Die schlanke Uferschwalbe bewohnt ganz Europa, nur in Island nistet sie nicht. Sie ist ein Zugvogel. Ihre europäischen Heimstätten verläßt sie im August oder September, vereinzelt auch im Oktober und überwintert in Ostafrika.

Sie kehrt Ende April oder Anfang Mai zu ihren Niststätten zurück. Die Uferschwalbe hält sich in offener Landschaft mit stehenden oder fließenden Gewässern auf, in deren Nähe senkrechte Ton- oder Sandwände, Steilufer, größere Dämme oder verlassene Sandgruben zu finden sind. Dort gräbt die in großen Kolonien nistende Uferschwalbe ihre Nisthöhlen. Sie hält sich anfangs mit den Krallen an einem Vorsprung fest und beginnt mit dem Schnabel ein Loch zu graben. Später benutzt sie auch die Füße zum Ausscharren des Erdreichs. Sie arbeitet geduldig an ihrem Bau, bis ein etwa 1 m langer Gang ausgegraben ist, an dessen Ende ein Nistkessel mit einem Durchmesser von etwa 10 cm liegt. Den Nistkessel polstert die Uferschwalbe mit Strohhalmen und vielen Federn aus.

Das Weibchen legt im Mai oder Juni, manchmal noch ein zweites Mal im Juli, 5 bis 6 Eier, die beide Partner abwechselnd 12 bis 14, seltener bis 16 Tage bebrüten. Im Nest werden die Jungen von den Altvögeln 16 bis 23 Tage mit Insekten gefüttert, die sie im Flug fangen. Die älteren Jungen erwarten ihre Eltern bereits beim Nisthöhlenausgang. Auch nach dem Flüggewerden füttern die Eltern ihre Jungen noch etwa zwei Wochen. Als Nahrung bevorzugt die Uferschwalbe verschiedene Insekten, die sie dicht über der Wasseroberfläche fängt.

Länge:
12 cm
Männchen und Weibchen sind gleich gefärbt

Ruf:
im Flug Laute wie „dschr-dschr“

Eiergröße:
15,2 bis 22,0 × 11,4 bis 13,5 mm
Die Eier sind reinweiß

Lt. Rote Liste der gefährdeten Tiere und Pflanzen bei uns 3 = Gefährdet.

* Beutelmeise

Remiz pendulinus

Beutelmeisen
Remizidae

*** Gesetzlich besonders geschützt.**

Die kleine Beutelmeise ist in Ost- und Südosteuropa und im östlichen Teil Mitteleuropas verbreitet, sie lebt aber auch in Italien, Südfrankreich und Südspanien. Die Beutelmeise ist vorwiegend ein Standvogel, die Populationen aus den nördlicheren Gebieten ziehen jedoch im Herbst nach dem Süden. Die Beutelmeise bewohnt Uferstreifen stehender und fließender Gewässer, die von Gestrüpp und Bäumen gesäumt sind.

Die Beutelmeise gehört zu den vollkommensten Baumeistern der Vogelwelt. Mit dem Nestbau beginnt sie im April oder Mai. Das Männchen bringt im Schnabel einen Halm, dessen Ende es an einen Zweig einer Weide oder Salweide einklemmt. Den Halm wickelt es dann fest um den Zweig. Mit weiteren Halmen, die es durchflicht, bildet es dann das Gerüst eines birnenförmigen Sacks. Gemeinsam mit dem Weibchen verbessert es dieses Gebilde; sie stopfen zwischen die Halme Pflanzenwolle und vermengen diese watteartige Masse mit Speichel. Das Nest hat schließlich die Form einer hängenden Birne und an seinem oberen Teil einen tunnelartigen, mit Halmen versteiften Eingang.

Das Weibchen legt 5 bis 8 Eier, die es allein 12 bis 15 Tage bebrütet. Während das Weibchen auf den Eiern sitzt, beginnt das Männchen mit dem Bau eines weiteren Nestes und versucht, ein anderes Weibchen zum Nisten anzulocken. Die Brutpflege übernimmt ausschließlich das Weibchen.

Die Nahrung der Beutelmeise besteht aus Raupen, Spinnen, Mücken und kleinen Käfern.

Länge:
11 cm
Männchen und Weibchen sind gleich gefärbt

Ruf:
ein langes „Zieh"
Der Gesang langgezogen und zirpend

Eiergröße:
14,0 bis 18,0 × 9,7 bis 11,3 mm
Die Eier sind reinweiß

Lt. Rote Liste der gefährdeten Tiere und Pflanzen bei uns 4 = Potentiell gefährdet.

* Bartmeise

Panurus biarmicus

Timalien
Timaliidae

*** Gesetzlich besonders geschützt.**

Die schöne Bartmeise ist in Südeuropa und stellenweise auch in Mitteleuropa verbreitet. Sie nistet auch in Frankreich, Holland, Belgien und im östlichen Teil Englands. Sie ist größtenteils ein Standvogel, der sich im Röhricht von Seen und großen Teichen und in Sumpfgebieten aufhält. Die Bartmeise bewegt sich rasch und sehr geschickt.

Im April oder Mai, ein zweites Mal im Juni bis Juli, baut sie ihr verhältnismäßig großes Nest im dichten Röhricht, in einem Riedgrasbüschel, oft direkt über dem Wasser. Beide Partner tragen Schilfhalme zusammen, die sie zu einem festen Bau verflechten. Den Nistkessel polstern sie mit Federn aus.

Das Weibchen legt in der Regel 5 bis 7 Eier, die beide Partner abwechselnd bebrüten. Die Jungen schlüpfen nach 12 bis 13, manchmal auch schon nach 10 Tagen. Die Eltern füttern sie mit Insekten 10 bis 13 Tage im Nest und weitere 14 Tage nach dem Flüggewerden. Die Familie bleibt etwa 3 Wochen zusammen, dann machen sich die Jungen selbständig, und das Altvogelpaar beginnt mit dem Bau eines neuen Nestes.

Die Bartmeise ernährt sich von kleinen Raupen, Blattläusen, Mücken, Fliegen, auch von kleinen Käfern und Spinnen. Im Herbst und im Winter frißt sie vor allem die Samen von Wasser- und Sumpfpflanzen.

Länge:
16,5 cm
Das Weibchen hat einen graubraunen Kopf ohne schwarze Backenflecken

Ruf:
Lockruf „zit zit"
Warnruf „tink tink"
Gesang ein zartes Zirpen

Eiergröße:
14,5 bis 19,2 × 13,0 bis 15,0 mm

Lt. Rote Liste der gefährdeten Tiere und Pflanzen bei uns 4 = Potentiell gefährdet.

* Wasseramsel

Wasserschmätzer, Wasserstar, Bachamsel
Cinclus cinclus

Wasseramseln
Cinclidae

*** Gesetzlich besonders geschützt.**

Die Heimat der Wasseramsel ist ganz Europa mit Ausnahme der östlichen Gebiete. Obwohl sie in ganz Skandinavien stark verbreitet ist, nistet sie in den nördlichen Gebieten Mitteleuropas nicht. In den meisten Fällen ist sie ein Standvogel. Im Winter streichen jedoch einzelne Exemplare herum. Viele im Gebirge lebende Wasseramseln kommen im Winter in die Täler.

Im April bis Mai baut die Wasseramsel in Mauern in Bachnähe, in Ritzen unter einem Steg oder zwischen Steinen ihr Nest. Den Hohlraum füllt sie mit Moos und Wasserpflanzenteilen aus. Es ist interessant, daß sie die Wasserpflanzen zum Nestbau unter der Wasseroberfläche sammelt und auch das Moos vor der Verarbeitung in das Wasser eintaucht. Am Nestbau beteiligen sich beide Partner. Das Nest hat die Form einer Kugel mit einem Eingang an der Seite.

Das Weibchen legt 4 bis 6 Eier. Um die geschlüpfte Brut kümmern sich beide Altvögel.

Die Nahrung beschafft sich die Wasseramsel auf eine für sie typische Art: sie läuft in seichtes Wasser und sucht am Grund von Bächen und kleinen Flüssen Insektenlarven, kleine Krustentiere, manchmal fängt sie auch kleine Fische. Mit den Flügeln hält sie das Gleichgewicht, und wenn die Strömung stärker ist, hält sie sich mit den Krallen an größeren Steinen fest. Oft dreht sie kleine Steine um, unter denen sich zahlreiche Krustentiere aufhalten. Das Gefieder der Wasseramsel ist stark gefettet. Im Winter läuft die Wasseramsel sogar unter nicht geschlossene Eisdecken.

Länge:
18 cm
Männchen und Weibchen sind gleich gefärbt

Ruf:
kurzes „Zrrbzrrb"
Der aus Pfeif- und Zirptönen bestehende Gesang ähnelt dem des Zaunkönigs
Der Vogel singt auch im Winter

Eiergröße:
23,8 bis 27,7 × 17,4 bis 20,1 mm

Lt. Rote Liste der gefährdeten Tiere und Pflanzen bei uns 3 = Gefährdet.

* Blaukehlchen
Luscinia svecica

Drosseln
Turdidae

*** Gesetzlich besonders geschützt.**

Das Blaukehlchen ist vor allem in Ost- und Nordeuropa verbreitet, seltener nistet es auch in Mittel- und Westeuropa. Bei dieser Vogelart unterscheidet man nach der Färbung zwei Unterarten: die Art *Luscinia svecica svecica* bewohnt Skandinavien, Finnland und die UdSSR bis etwa zum 60. Grad nördlicher Breite und hat an der Kehle einen roten Fleck in einem blauen Feld. Die zweite Unterart, *Luscinia svecica cyanecula,* lebt in den übrigen Gebieten Europas und hat einen weißen Kehlfleck in einem blauen Feld. Während des Zugs tritt die erste Unterart auf ihrem Flug zu den Winterquartieren in Nordafrika auch häufig in Mitteleuropa auf. Die zweite Unterart zieht Ende August bis September in die gleichen Winterquartiere.

Mitte März bis Mitte April kehren die Blaukehlchen zu ihren Niststätten, die in Sumpfgebieten liegen, zurück. Im Mai oder Juni, seltener im April oder erst im Juli, bauen sie entweder direkt auf dem Boden oder in niedriger Höhe ihr gut verstecktes Nest aus Halmen und Wurzeln.

Das Weibchen legt 5 bis 6 Eier, die es vorwiegend allein 12 bis 14 Tage bebrütet. Beide Eltern füttern ihre Jungen mit Insekten und deren Larven, Würmern, Spinnen und anderen Wirbellosen, die auch den erwachsenen Vögeln als Nahrung dienen.

Länge:
14 cm
Der Kehlfleck des Weibchens ist schwächer ausgeprägt

Ruf:
Lockruf „teck"
Gesang „dip dip dip"

Eiergröße:
16,4 bis 20,7 × 12,5 bis 15,1 mm

Lt. Rote Liste der gefährdeten Tiere und Pflanzen bei uns 1 = Vom Aussterben bedroht.

* Schlagschwirl

Locustella fluviatilis

Grasmücken
Sylviidae

*** Gesetzlich besonders geschützt.**

Der unauffällige, schlanke Schlagschwirl bewohnt Osteuropa und den östlichen Teil Mitteleuropas. Im Osten reicht sein Verbreitungsgebiet bis zum Ural. Er ist ein Zugvogel, der seine Heimat im August oder September verläßt und ins tropische Ostafrika oder nach Südafrika zieht. In den Winterquartieren hält sich dieser Vogel an den Ufern von Seen und Teichen mit starkem Pflanzenwuchs auf.

Der Schlagschwirl kehrt Mitte Mai in seine Niststätten an Flußufern mit Gestrüppbeständen zurück. Sein Nest aus trockenen Halmen und Blättern baut er in der Regel dicht über dem Boden und polstert es mit weichen Pflanzenteilen, Moos und Tierhaaren aus.

Das Weibchen legt im Mai oder Juni 4 bis 5 Eier, die es vorwiegend allein 13 Tage bebrütet. Beide Eltern füttern ihre Jungen mit Insekten und deren Larven und anderen Wirbellosen etwa zwei Wochen im Nest und weitere zwei Wochen nach Verlassen des Nestes. Auch die erwachsenen Vögel ernähren sich ausschließlich von Insekten und Wirbellosen.

Der Schlagschwirl lebt sehr versteckt, deshalb kann man ihn eher hören als ihn zu Gesicht bekommen. Beim Gesang sitzt das Männchen auf den höchsten Zweigen eines Gestrüpps, in dem sich diese Vögel rasch und geschickt bewegen. Unter günstigen Bedingungen nistet der Schlagschwirl oft auch an Flußufern in Städten.

Länge:
12,5 cm
Männchen und Weibchen sind gleich gefärbt

Ruf:
Gesang wie „dzedzedze" oder auch „sesesese"

Eiergröße:
18,0 bis 22,3 × 14,0 bis 16,8 mm

* Rohrschwirl

Locustella luscinioides

Grasmücken
Sylviidae

*** Gesetzlich besonders geschützt.**

Der schlanke Rohrschwirl bewohnt West- und Südwesteuropa, ganz Mitteleuropa und Osteuropa. Er ist ein Zugvogel, der im Herbst, meistens im September, seine Heimat verläßt und nach Afrika zieht, wo er im Stromgebiet des Nils überwintert.

In der zweiten Aprilhälfte kehrt der Rohrschwirl zu seinen Niststätten zurück. Dort lebt er in dichten und ausgedehnten Schilfbeständen von Seen und größeren Teichen. Das Männchen kann man vor allem abends hören. Es hält sich aber immer im Röhricht versteckt, so daß man es nur selten zu Gesicht bekommt.

Im Mai oder Juni baut das Männchen allein in dichtem Röhricht oder im Riedgras etwa 30 cm über dem Wasser das Nest aus Schilf- und Riedgrashalmen, das jedoch nicht mit den Pflanzenstengeln des Röhrichts verflochten ist. Am oberen Rand ist das Nest etwa 15 cm breit, nach unten zu verengt es sich.

Das Weibchen legt 3 bis 6 Eier, die es allein 12 bis 14 Tage bebrütet. Beide Altvögel füttern die Jungen 12 bis 14 Tage im Nest und weitere 10 Tage nach Verlassen des Nestes. Während das Weibchen noch mit dem Füttern der heranwachsenden Jungen beschäftigt ist, beginnt das Männchen wieder mit dem Bau eines weiteren Nestes für das zweite Gelege. Die Nahrung des Rohrschwirls besteht aus verschiedenen, im Schilf, Röhricht und Riedgras lebenden Wirbellosen.

Länge:
14 cm
Männchen und Weibchen sind gleich gefärbt

Ruf:
„gäck"
Gesang
zirpendes
„Örrrrr . . ."

Eiergröße:
17,5 bis
21,5 × 13,6
bis 15,4 mm

Lt. Rote Liste der gefährdeten Tiere und Pflanzen bei uns 4 = Potentiell gefährdet.

* Feldschwirl

Heuschreckensänger
Locustella naevia

Grasmücken
Sylviidae

*** Gesetzlich besonders geschützt.**

Der unauffällige Feldschwirl bewohnt den größten Teil Europas von Nordspanien bis Südschweden und Finnland. Er lebt auch auf den Britischen Inseln. Seine beliebten Niststätten sind dichtes und hohes Gestrüpp oder Weiden- und Erlenbestände. Der Vogel führt ein sehr verborgenes Leben. Am häufigsten kann man die zirpende Stimme des Männchens vernehmen, das beim Gesang an einer erhöhten Stelle sitzt. Sein „Zirpen" ertönt manchmal ohne Unterbrechung drei Minuten lang. Der Feldschwirl ist ein Zugvogel, der im August bis September in seine Winterquartiere in Nordafrika oder Südwestasien zieht.

Ende April oder Anfang Mai kehrt er zu seinen Niststätten zurück. Das Nest aus Gras- und Schilfhalmen bauen beide Partner gemeinsam im Mai oder Juni. Es ist verhältnismäßig tief und liegt im Schutz eines Grasbüschels oder unter einem dichten Strauch.

Das Weibchen legt in der Regel 4 bis 5 Eier, die es vorwiegend allein — das Männchen löst es nur manchmal ab — bebrütet. Beide Eltern betreuen die Brut, die nach 12 bis 14 Tagen schlüpft. Die Altvögel bringen den Jungen die gleiche Nahrung, von der sie sich auch selbst ernähren, nämlich Insekten, deren Larven und Spinnen. Die Jungen verlassen das Nest nach 9 bis 11 Tagen. Sie werden aber noch etwa zwei weitere Wochen von den Altvögeln gefüttert.

Länge:
12,5 cm
Männchen und Weibchen sind gleich gefärbt

Ruf:
Lockruf „tze tze"
Gesang „sirrrrrr . . ."

Eiergröße:
16,0 bis 20,3 × 12,5 bis 14,8 mm

* Drosselrohrsänger

Großer Rohrsänger
Acrocephalus arundinaceus

Grasmücken
Sylviidae

*** Gesetzlich besonders geschützt.**

Der Drosselrohrsänger, der größte der europäischen Rohrsänger, hat ein großes Verbreitungsgebiet. Er lebt in ganz Europa mit Ausnahme der Britischen Inseln und Skandinaviens. Seine Heimat verläßt er im August und September und überwintert in Äquatorial- und Südafrika. Anfang Mai kehrt er wieder zu seinen Niststätten zurück. Er ist überall zahlenmäßig stark vertreten, und seine Anwesenheit verrät schon von weitem der charakteristische Gesang des Männchens, der eigentlich kein richtiger Gesang, sondern ein rauhes, scharfes Schreien ist. Kein anderer Vogel kann den Drosselrohrsänger übertönen.

Im Mai bis Juli baut das Weibchen ein Nest aus Schilfhalmen, die es aus dem Wasser herausfischt oder vorher in das Wasser eintaucht, um das Baumaterial biegsam zu machen. In die Wände des Nestes sind zwei bis sechs stehende Schilfstengel eingeflochten, die sozusagen die „Tragpfeiler" des Nestes bilden, das in der Regel direkt über dem Wasser, etwa 50 cm bis 1 m über der Wasseroberfläche liegt. Das Weibchen legt meistens 4 bis 5 Eier, die beide Partner abwechselnd 14 bis 15 Tage bebrüten. Um die Brut kümmern sich beide Altvögel gemeinsam, sie füttern die Jungen etwa 12 bis 14 Tage im Nest und dann noch weitere zwei Wochen nach dem Verlassen des Nestes.

Der Drosselrohrsänger ernährt sich ausschließlich von kleinen Wirbellosen, vor allem von Insekten und deren Larven, Spinnen und kleinen Weichtieren, die er an Wasser- und Sumpfpflanzen findet.

Länge:
19 cm
Männchen und Weibchen sind gleich gefärbt

Ruf:
Warnruf „karr karr"
Gesang laut wie „karre karre kiet kiet kiet karre kiet"

Eiergröße:
19,5 bis 26,3 × 15,1 bis 17,6 mm

Lt. Rote Liste der gefährdeten Tiere und Pflanzen bei uns 2 = Stark gefährdet.

* Teichrohrsänger

Acrocephalus scirpaceus

Grasmücken
Sylviidae

*** Gesetzlich besonders geschützt.**

Der Teichrohrsänger ist von den Rohrsängern am stärksten vertreten. Er ist ein in fast ganz Europa verbreiteter Zugvogel, der seine Heimat Ende September oder Anfang Oktober verläßt und im tropischen Afrika überwintert.

In der zweiten Aprilhälfte oder Anfang Mai kehrt er zu seinen Niststätten im Röhricht der Teiche und Seen oder an sumpfigen Stellen mit starkem Schilfbestand zurück. Sein Nest, das aus feinerem Material als das des Drosselrohrsängers geflochten ist, hängt zwischen einigen, meistens drei bis vier festen Schilfstengeln, manchmal auch zwischen dünnen Zweigen im Gestrüpp. Der Bau hat die Form eines tiefen Korbes, so daß auch bei starkem Wind die Eier und die Jungen geschützt sind.

Im Mai bis Juni legt das Weibchen in der Regel 4 bis 5 Eier, die es abwechselnd mit seinem Partner 11 bis 12 Tage bebrütet. Die Jungen werden von beiden Altvögeln 11 bis 14 Tage im Nest und nach Verlassen des Nestes noch weitere zwei Wochen gefüttert. Bei ungünstiger Witterung schützen die Eltern die Jungen unter ihren Körpern.

Die Nahrung der Teichrohrsänger besteht aus Insekten und deren Larven, Spinnen und kleinen Weichtieren. Der Teichrohrsänger ist nicht scheu.

Länge:
12,5 cm
Männchen und Weibchen sind gleich gefärbt

Ruf:
Lockruf „tschätsch"
Gesang weniger lautes „Tiri tiri tiri tier tier tier zerr zerr zäck zäck tiri tiri schwerk . . ."

Eiergröße:
16,3 bis 21,4 × 12,4 bis 14,7 mm

* Schilfrohrsänger

Bruchweißkehlchen
Acrocephalus schoenobaenus

Grasmücken
Sylviidae

*** Gesetzlich besonders geschützt.**

Die Heimat des Schilfrohrsängers ist ganz Europa mit Ausnahme der Iberischen Halbinsel und Islands. Er ist ein Zugvogel, der seine Heimat im September bis Oktober verläßt und in seine Winterquartiere im tropischen Afrika, in manchen Fällen auch weiter südlich bis nach Transvaal zieht.

Der Schilfrohrsänger kehrt in der zweiten Aprilhälfte in seine Heimat zurück. Er lebt in ausgedehntem Röhricht, in Riedgrasbeständen, manchmal auch in dichtem Brennesselwuchs oder im Gestrüpp an den Ufern von Teichen oder Seen. Während die Verwandten des Schilfrohrsängers beim Gesang an erhöhten Stellen sitzen, fliegt dieser Vogel beim Gesang hoch auf und läßt sich mit ausgebreiteten Flügeln und Steuerfedern schräg zu Boden gleiten.

Im Mai oder Juni baut das Paar in dichtem Pflanzenwuchs in Wassernähe sein Nest aus Halmen, kleinen Wurzeln und Moos und polstert es mit Pflanzenwolle und Tierhaaren aus. Beide Partner sind am Bau beteiligt, die Hauptarbeit leistet jedoch das Weibchen. Es legt 4 bis 5, seltener auch 7 Eier, die es allein 12 bis 13 Tage bebrütet. Die Jungen werden von beiden Eltern betreut, die sie mit Insekten und deren Larven, Spinnen und kleinen Weichtieren füttern. Nach 10 bis 13 Tagen verlassen die Jungen das Nest und halten sich in der Umgebung verborgen, wohin ihnen die Altvögel noch weitere 10 bis 14 Tage Futter bringen. Sobald die Jungen selbständig geworden sind, beginnt das Paar oft mit dem Bau eines weiteren Nestes für ein zweites Gelege.

Länge:
12,5 cm
Männchen und Weibchen sind gleich gefärbt

Ruf:
Der Gesang ähnelt dem des Teichrohrsängers
Die einzelnen Strophen werden öfter wiederholt und klingen wie „woid woid woid"

Eiergröße:
15,7 bis 20,5 × 11,9 bis 15,0 mm

Lt. Rote Liste der gefährdeten Tiere und Pflanzen bei uns 3 = Gefährdet.

* Wiesenpieper
Anthus pratensis

Stelzen
Motacillidae

*** Gesetzlich besonders geschützt.**

Die Heimat des Wiesenpiepers ist ganz West-, Mittel-, Nord- und Nordosteuropa. Er bewohnt sumpfige Wiesen, mit niedrigem Gras bewachsene Stellen in Wassernähe, manchmal auch Bergwiesen. Die Populationen der nördlicheren Gebiete sind Zugvögel, die Exemplare der westeuropäischen und zum Teil auch der mitteleuropäischen Gebiete sind Stand- oder Strichvögel. Die Wiesenpieper des Nordens verlassen ihre Heimat im September bis November und überwintern vor allem im Mittelmeergebiet. Manche überwintern auch schon in Westeuropa. Zur Zeit des Frühjahrszugs halten sie sich in kleineren Schwärmen auf nassen Wiesen auf. Im Herbst findet man sie vor allem auf Feldern.

Zu ihren Nistplätzen kehren sie im März oder April zurück. Der Gesang verrät die Anwesenheit des Männchens. Es fliegt auf und läßt sich am Ende seines Lieds senkrecht zu Boden gleiten. Im Mai oder Juni bauen die Wiesenpieper ihr gut verstecktes Nest aus Grashalmen, Schilfblättern, Moos und Flechten und polstern es mit Tierhaaren aus.

Das Weibchen legt meistens 4 bis 5 Eier, die es 12 bis 14 Tage bebrütet. Beide Eltern füttern die Jungen, die das Nest nach 11 bis 13 Tagen noch flugunfähig verlassen und sich in der Umgebung verborgen halten. Dorthin bringen ihnen die Altvögel auch weiterhin die Nahrung, bis sie nach weiteren etwa 14 Tagen selbständig werden. Die Vögel ernähren sich von Insekten, Spinnen und anderen kleinen Wirbellosen, im Herbst und Winter auch von Samen.

Länge:
14,5 cm
Männchen und Weibchen sind gleich gefärbt

Ruf:
Gesang wie „dipp dipp dipp"
ruft auch „zi zi zi" im Flug „ist ist"

Eiergröße:
17,2 bis 21,4 × 13,0 bis 15,7 mm

* Schafstelze
Kuhstelze
Motacilla flava

Stelzen
Motacillidae

*** Gesetzlich besonders geschützt.**

Die schön gefärbte Schafstelze ist in ganz Europa beheimatet. Sie ist ein Zugvogel, der im August bis September in seine Winterquartiere im tropischen Afrika zieht. Im Herbst kann man bei Teichen und Seen tausendköpfige Schwärme dieser Vögel beobachten, die dort im Röhricht übernachten.

Ende März oder Anfang April kehren sie in kleinen Schwärmen in ihre Nistreviere zurück. Die Schwärme lösen sich bald in einzelne Paare auf. Die Schafstelze bevorzugt ausgedehnte feuchte und sumpfige Wiesen, grasbewachsene Fluß-, See- und Teichufer, vor allem in den Niederungen.

Im Mai oder Juni baut das Weibchen am Boden das gut in einem Grasbüschel versteckte Nest aus Grashalmen. Der Nistkessel wird mit Tierhaaren oder Pflanzenwolle ausgepolstert.

Das Weibchen legt in der Regel 4 bis 5 Eier, die es allein 13 bis 14 Tage bebrütet. Beide Eltern füttern ihre Jungen im Nest, das sie im Alter von 7 bis 11 Tagen noch flugunfähig verlassen, und dann noch etwa weitere zwei Wochen.

Die Schafstelzen ernähren sich von Heuschrecken, kleinen Käfern, Raupen, Spinnen und kleinen Schnecken. Bei der Nahrungssuche am Boden laufen sie flink umher; sie fangen aber auch geschickt Insekten im Flug.

Länge:
16,5 cm
Das Weibchen ist nicht so bunt gefärbt wie das Männchen und hat eine olivengrüne Kopfoberseite

Ruf:
glockenhelles einsilbiges „Psüip"

Eiergröße:
16,3 bis 21,0 × 12,0 bis 15,3 mm

* Grauammer
Emberiza calandra

Ammern
Emberizidae

*** Gesetzlich besonders geschützt.**

Die Grauammer bewohnt ganz Europa mit Ausnahme der nördlichen und nordöstlichen Gebiete. Auf einem Großteil ihres Verbreitungsgebietes ist die Grauammer ein Stand-, im Winter auch ein Strichvogel. Nur die Bewohner weiter nördlich gelegener Nistreviere schließen sich im Herbst zu größeren Schwärmen zusammen und ziehen manchmal bis nach Südeuropa.

Das Männchen kehrt zuerst, manchmal schon Ende März, in der Regel im April, aus den Winterquartieren in das Nistrevier zurück. Das Weibchen, das nach wenigen Tagen nachfolgt, beginnt bald nach der Rückkehr mit dem Bau des Nestes, das in einer flachen Bodenmulde in einem Grasbüschel versteckt liegt. Als Baumaterial verwendet der Vogel kleine Wurzeln und trockene Grashalme und zum Auspolstern dünne Halme, Tierhaare und Pflanzenwolle.

Das Weibchen legt im Mai oder Juni in der Regel 4 bis 5 Eier, die es allein 12 bis 14 Tage bebrütet. Die ersten vier Tage füttert die Jungen ausschließlich das Weibchen, später hilft beim Füttern auch das Männchen. Manchmal hat ein Männchen auch mehrere Weibchen. Das Nest verlassen die Jungen im Alter von 9 bis 12 Tagen noch flugunfähig und halten sich in der Umgebung im Gras verborgen, wo sie noch einige Zeit gefüttert werden. Die Grauammern ernähren sich vorwiegend von Insekten und deren Larven und kleinen Weichtieren. Sie fressen aber auch Grassamen, Getreidekörner und verchiedene grüne Pflanzenteile.

Länge:
18 cm
Männchen und Weibchen sind gleich gefärbt

Ruf:
Lockruf „ticks" im Flug „tick tick"
Der Gesang ist kurz und klingt wie „zick zick zick zick schnirrrps"

Eiergröße:
19,0 bis 28,6 × 16,0 bis 19,5 mm

Lt. Rote Liste der gefährdeten Tiere und Pflanzen bei uns 3 = Gefährdet.

* Rohrammer

Emberiza schoeniclus

Ammern
Emberizidae

*** Gesetzlich besonders geschützt.**

Das Verbreitungsgebiet der Rohrammer ist ganz Europa mit Ausnahme Islands. In West-, Süd- und Südosteuropa ist sie ein Standvogel. Die Populationen aus Nord- und Osteuropa fliegen im Oktober zum Überwintern meistens in das Mittelmeergebiet. In Mitteleuropa ist die Rohrammer zum Teil ein Stand-, zum Teil ein Zugvogel, der im Winter nach Italien, Frankreich oder Spanien zieht. Der Vogel bewohnt sumpfige und moorige Gegenden, die Ufer von Teichen und Seen, die mit größeren Schilfbeständen und Rasenflächen bewachsen sind.

Die Rohrammer kehrt schon im März in die Nistreviere zurück. Im April oder Mai baut das Weibchen allein an trockenen Stellen das gut in Grasbüscheln oder in trockenem Röhricht versteckte Nest aus trockenen Grashalmen und Schilfblättern und polstert es mit feinen Halmen und Tierhaaren aus.

Das Weibchen legt in der Regel 4 bis 6 Eier, die es vorwiegend allein 12 bis 14 Tage bebrütet. Die Altvögel füttern die Jungen mit Insekten und deren Larven, die an Schilfhalmen und im Röhricht leben.

Im Alter von 11 bis 13 Tagen verlassen die Jungen das Nest, werden jedoch von den Eltern noch etwa weitere zwei Wochen gefüttert. Wenn die Jungen selbständig geworden sind, nistet das Altvogelpaar meistens im Juni bis Juli ein zweites Mal. Außer von kleinen Wirbellosen während der Nistzeit ernähren sich die erwachsenen Rohrammern vorwiegend von verschiedenen Samen und grünen Pflanzentrieben.

Länge:
15 cm
Das Weibchen hat im Unterschied zu dem Männchen keinen schwarzen Kopf und keine weiße Brust
In seinem Ruhekleid ähnelt das Männchen dem Weibchen

Ruf:
Lockruf „zieh"
Gesang kurzes „Zja tit tai zississ"

Eiergröße:
17,4 bis 23,3 × 13,4 bis 15,7 mm

JAGDVÖGEL DER GEWÄSSER UND SÜMPFE

Schon seit jeher wurden einige Wasser- und Sumpfvogelarten vor allem wegen ihres Fleisches, aber auch aus Sportpassion gejagt. Beliebt sind vor allem die Reiher- oder Kranichjagden mit abgerichteten Falken oder anderen Raubvögeln.

Zu den wichtigsten Jagdvögeln der Gewässer gehören verschiedene Gänse- und Entenarten, deren Fleisch als sehr schmackhaft gilt. Diese Vögel wurden früher mit Falken oder Habichten gejagt. Dieser Sport kommt heute in manchen Ländern wieder auf, wenn auch bei weitem nicht in einem solchen Ausmaß wie im Mittelalter.

Wildgänse und -enten dürfen natürlich nicht unbegrenzt gejagt werden, denn sonst sind die Bestände dieser Vögel bedroht. Es ist eine äußerst bedauerliche Tatsache, daß in den letzten Jahren der Gesamtbestand an Wildenten in vielen Gebieten stark zurückgegangen ist. Eine Bewilligung zum Abschuß von Wildenten und von Vögeln überhaupt sollte eigentlich nur solchen Jägern erteilt werden, die Kenntnisse über die einzelnen Arten nachweisen können, um dem Abschuß seltener Gänse- oder Entenarten vorzubeugen. In den letzten Jahren setzen sich an früher von ihnen nicht besiedelten Stellen neue Vogelarten, zum Beispiel die Schellente oder die Kolbenente, fest, die absolut unter Schutz stehen, um die neu entstehenden Populationen zu bewahren. In machen Ländern kommen diese Arten häufig und zahlenmäßig stark vor und werden auch gejagt, in anderen Ländern müssen sie dagegen geschützt werden.

Eine wichtige Frage ist die Abschußzeit. In manchen Ländern schießt man Enten schon im Juni. Diese Zeit ist sehr ungünstig. Obwohl die jungen Enten zu dieser Zeit schon fliegen, haben sie trotzdem noch nicht völlig ausgebildete Schwingen. Oft schlagen sie nur mit den Flügeln und erheben sich nur schwerfällig und niedrig über den Boden. Einer Jagd fallen dann vor allem junge Vögel zum Opfer und eine gesunde Fortpflanzung der Art durch junge starke Exemplare ist nicht gewährleistet. Es ist deshalb vorteilhafter, mit der Entenjagd erst Mitte August zu beginnen, wenn die jungen Enten völlig flugfähig sind und das Verhältnis der abgeschossenen jungen und alten Exemplare ausgeglichener ist.

Enten werden mit Schrotbüchsen, mit grobem Schrot, in der Regel im Flug geschossen. Diese Art der Jagd entspricht eher dem Geist des Jagdsports. Zum Abschuß kommen Männchen und Weibchen in ungefähr gleichem Verhältnis, weil diese Vögel in Paaren leben. Der Abschuß während der Mauser ist abzulehnen, vor allem vom biologischen Standpunkt aus. Wie bereits erwähnt, mausern die Männchen meistens nicht gleichzeitig mit den Weibchen, und den Jägern fallen dann entweder nur männliche oder nur weibliche Exemplare zum Opfer; die in Paaren lebenden Vögel verlieren auf diese Weise ihre Partner.

Am häufigsten verläuft die Entenjagd so, daß sich die Jäger am Ufer eines Teichs oder Sees bei hohen Durchschlägen im Röhricht verbergen. Einige der Jäger fahren in Booten am Röhricht entlang und scheuchen die Vögel auf, die sich jäh erheben und über den Durchschlägen auf die versteckten Jäger zufliegen. Bei dieser Jagdart darf man nur auf fliegende Enten schießen. Bei der Jagd auf Wasservögel müssen dressierte Hunde zur Verfügung stehen, die die Beute apportieren. Viele der abgeschossenen Enten bleiben sonst im Röhricht liegen.

Eine andere Art der Entenjagd ist die Jagd nach Sonnenuntergang, wenn die Enten von Teich zu Teich fliegen oder auf Nahrungssuche gehen. Die Jäger halten sich an den Ufern im Gebüsch verborgen und warten, bis die fliegenden Enten in Schußweite sind. Auch bei dieser Art der Jagd ist ein guter Jagdhund notwendig. In der Dämmerung fallen viele angeschossene Enten ins Röhricht und lassen sich dort nur schwer auffinden. Die Jagd nach Einbruch der Dunkelheit sollte mit Rücksicht auf den Vogelschutz verboten sein, da die Enten zu dieser Zeit auf Nahrungssuche fliegen und dazu Ruhe benötigen.

Die Frage des Schutzes von Enten und Gänsen ist ein schwerwiegendes Problem, das alle Länder nur gemeinsam lösen können. Diese Vögel sind vorwiegend Zugvögel. Viele Enten verlassen vor Einbruch des Winters ihre Nistreviere und ziehen in andere Länder. Das bedeutet, daß die Jäger im Herbst oft ortsfremde Exemplare abschießen, denn gerade während ihres Zugs werden Enten und Gänse am stärksten verfolgt, oft ohne die geringste Rücksicht darauf, ob sie zu den häufigen oder zu den seltenen Arten gehören. Zum Glück sind viele Arten der Gänsevögel während des Zugs äußerst scheu und wachsam. Vor allem Gänse halten sich in großen Schwärmen an übersichtlichen Stellen auf, wobei einzelne Exemplare „Wache stehen", und es ist daher nicht leicht, in Schußweite zu gelangen. Die Jäger müssen in dunklen Nächten zu den Sammelplätzen der Wildgänse am Rand von Sümpfen oder Mooren vordringen und sich dort in vorbereiteten getarnten Gruben versteckt halten, da es an solchen Stellen meistens keine natürlichen Verstecke gibt. In der Morgendämmerung erheben sich von der Wasserfläche oder von Inseln starke Gänseschwärme. Es kommt allerdings vor, daß die Jäger vergebens auf ihre Gelegenheit warten und die Gänseschwärme nicht an ihren Verstecken vorbeifliegen. In anderen Fällen versuchen die Jäger, sich einem Gänseschwarm auf Schußweite zu nähern, was allerdings sehr schwierig ist. Es ist auch möglich, in der Abenddämmerung die Rückkehr der Gänse von der Nahrungssuche zum Ruheplatz abzuwarten. Die Jäger halten sich in diesem Fall versteckt und es ist bei dieser Art der Jagd wichtig, nicht auf den ersten der sich niederlassenden Schwärme zu schießen. Dieser Schwarm ist nämlich außerordentlich wachsam und läßt sich erst nach gründlicher „Überprüfung" der Umgebung nieder, bleibt lange sozusagen in Alarmbereitschaft und es kommt auch oft vor, daß er sich überhaupt nicht niederläßt, wieder fortfliegt und erst nach längerer Zeit zurückkehrt. Erst die weiteren Schwärme sind nicht mehr so vorsichtig, da sie schon ihre früher eingetroffenen Artgenossen hören und sehen können und deshalb den Ruheplatz als gefahrlos ansehen. Die Schwärme lassen sich in der Umgebung nieder und erst dann können die Jäger die Jagd mit Aussicht auf Erfolg aufnehmen.

Von den Wildgänsen jagt man vor allem die oft bis 5 kg schwere Graugans *(Anser anser).* Sie nistet stellenweise auch in Mittel- und Westeuropa, in Schottland und in größerer Zahl in Nordeuropa. Sie ist eine der größten Gänsearten und hat ein sehr schmackhaftes Fleisch.

Auch die bis 4,5 kg schwere Saatgans *(Anser fabalis)* ist ein beliebter Jagdvogel. Sie nistet im Norden Europas und kommt in großen Schwärmen an die Küsten Westeuropas und auch in viele andere Gegenden des Kontinents. Sie wird während des Herbstzugs gejagt.

Von den stärker verbreiteten Arten jagt man auch die 1,5 bis 2,5 kg schwere Zwerggans *(Anser erythropus).* Sie nistet ebenfalls im hohen Norden Europas in der Tundra, zieht durch Mitteleuropa und überwintert in West- und Südosteuropa. Auch die bis 3,5 kg schwere Bleßgans *(Anser albifrons)* wird viel gejagt; sie nistet in der Tundra Nordeuropas und zieht in großen Schwärmen über Mitteleuropa in ihre Winterquartiere an den westeuropäischen Küsten. Die jenseits des Polarkreises nistende Ringelgans *(Branta bernicla),* die ebenfalls im hohen Norden lebende Kanadagans *(Branta canadensis)* und die Weißwangengans *(Branta leucopsis)* kommen ebenfalls öfters an die westeuropäischen Küsten und werden dort vereinzelt gejagt. Die übrigen selteneren Gänsearten kommen als Jagdvögel kaum in Betracht.

Viele Entenarten gehören zu den Jagdvögeln. Von den Schwimmenten vor allem die Stockente *(Anas platyrhynchos),* die ein Gewicht von 0,8 bis 1,4 kg erreicht. Sie gehört zu den in Europa am stärksten verbreiteten Enten und ihr Fleisch ist sehr schmackhaft. Ferner jagt man auch die Knäkente *(Anas querquedula)* und die Krickente *(Anas crecca).* Die Krickente wird nur etwa 300 bis 350 Gramm schwer, die Jagd auf diese Entenart ist jedoch ein sportliches Erlebnis. Da die Krickente eine Fluggeschwindigkeit von bis über 100 km in der Stunde erreicht, erlegen sie nur hervorragende Schützen. Obwohl die übrigen Schwimmenten seltener vorkommen, gehören sie trotzdem in vielen Ländern zu den Jagdvögeln.

Von den Tauchenten wird am häufigsten die Tafelente *(Aythya ferina)* gejagt, ferner die Reiherente *(Aythya fuligula)*, wenn sie stärker verbreitet ist. Die übrigen Tauchentenarten jagt man nur selten. Bei der Jagd von Tauchenten kommt es oft vor, daß angeschossene Vögel sich unter Wasser mit dem Schnabel an Wasserpflanzen festhalten und sie nicht wieder loslassen. In solchen Fällen kann auch ein Jagdhund nichts ausrichten.

Ein häufiger Jagdvogel ist das Bläßhuhn *(Fulica atra)*, das zu den Rallen gehört. Es ist eine der häufigsten Wasservogelarten und lebt in Europa praktisch überall, selbst auf ganz kleinen Teichen. Im Herbst schließen sich die Bläßhühner zu sehr großen, oft mehrere Hundert Exemplare starken Schwärmen zusammen und halten sich auf Teichen, im Winter auf eisfreien Flüssen auf. Bei der Jagd verlassen diese Vögel ihren Teich nicht, sondern fliegen nur von einem Ufer zum anderen. Man jagt sie vom Ufer oder von Booten aus. Der günstigste Jagdtermin ist von August bis in den Oktober hinein. Obwohl die Bläßhühner nur ungern auffliegen, fliegen sie trotzdem sehr rasch. Das Fleisch des Bläßhuhns ist sehr schmackhaft.

Gesetzlicher Schutz

Den gesetzlichen Schutz der Tiere und Pflanzen regeln in der Bundesrepublik Deutschland verschiedene Gesetze und Verordnungen, wie das Bundesnaturschutzgesetz vom 20. Dezember 1976 in seiner Neufassung vom 1. 1. 1987, Artikel 9 Abs. 4 und 5 des Gesetzes zum Washingtoner Artenschutzübereinkommen vom 22. Mai 1975, das am 19. September 1979 in Bern von der Bundesrepublik Deutschland unterzeichnete Übereinkommen über die Erhaltung der europäischen wildlebenden Pflanzen und Tiere und ihrer natürlichen Lebensräume, und das Gesetz zu diesem Übereinkommen vom 17. Juli 1984.

Im Bundesnaturschutzgesetz heißt es im 5. Abschnitt (Schutz und Pflege wildwachsender Pflanzen und wildlebender Tiere):

§ 20 Allgemeine Vorschriften

(1) Die Vorschriften dieses Abschnittes dienen dem Schutz und der Pflege der wildwachsenden Pflanzen und wildlebenden Tiere, ihrer Entwicklungsformen, Lebensstätten, Lebensräume und Lebensgemeinschaften als Teil des Naturhaushalts (Artenschutz). Der Artenschutz schließt auch die Ansiedlung verdrängter oder in ihrem Bestand bedrohter Pflanzen und Tierarten an geeigneten Lebensstätten innerhalb ihres natürlichen Verbreitungsgebietes ein.

(2) Bund und Länder unterstützen die internationalen Bemühungen um den Schutz und die Erhaltung der wildwachsenden Pflanzen und wildlebenden Tiere.

(3) Die Vorschriften des Pflanzenschutzrechts, des Viehseuchenrechts, des Tierschutzrechts sowie des Forst-, Jagd- und Fischereirechts bleiben unberührt.

§ 21 Allgemeiner Schutz von Pflanzen und Tieren

Es ist verboten,

1. ohne vernünftigen Grund wildwachsende Pflanzen zu entnehmen oder zu nutzen oder ihre Bestände niederzuschlagen oder auf sonstige Weise zu verwüsten,
2. wildlebende Tiere mutwillig zu beunruhigen oder ohne vernünftigen Grund zu fangen, zu verletzen oder zu töten,
3. gebietsfremde Tiere auszusetzen oder in freier Natur anzusiedeln.

§ 22 Besonders geschützte Pflanzen und Tiere

(1) Bestimmte Arten wildwachsender Pflanzen und wildlebender Tiere sind unter besonderen Schutz zu stellen, wenn dies

1. wegen ihrer Seltenheit oder der Bedrohung ihres Bestandes,
2. aus wissenschaftlichen, naturgeschichtlichen oder landeskundlichen Gründen,
3. wegen ihrens Nutzens oder ihrer Bedeutung für den Naturhaushalt oder
4. zur Erhaltung von Vielfalt, Eigenart oder Schönheit von Natur und Landschaft

erforderlich ist.

(2) Es ist verboten,

1. Pflanzen der besonders geschützten Arten oder einzelne Teile von ihnen abzuschneiden, abzupflücken, aus- oder abzureißen, auszugraben, zu entfernen oder sonst zu beschädigen,

2. Tieren der besonders geschützten Arten nachzustellen, sie zu fangen, zu verletzen, zu töten oder ihre Eier, Larven, Puppen oder sonstige Entwicklungsformen wegzunehmen, zu zerstören oder zu beschädigen,
3. Tiere der in der Rechtsverordnung nach Absatz 4 als vom Aussterben bedroht bezeichneten Arten an ihren Nist-, Brut-, Wohn- oder Zufluchtstätten durch Aufsuchen, Fotografieren, Filmen oder ähnlichen Handlungen zu stören,
4. a) frische oder getrocknete Pflanzen der besonders geschützten Arten oder Teile dieser Pflanzen sowie hieraus gewonnene Erzeugnisse und
   b) lebende oder tote Tiere der besonders geschützten Arten oder Teile dieser Tiere, ihre Eier, Larven, Puppen, sonstige Entwicklungsformen oder Nester sowie hieraus gewonnene Erzeugnisse

in Besitz zu nehmen, zu erwerben, die tatsächliche Gewalt darüber auszuüben, zu be- und verarbeiten, abzugeben, feilzuhalten, zu veräußern oder sonst in den Verkehr zu bringen.

Der § 30 des Bundesnaturschutzgesetzes bestimmt:

§ 30* Ordnungswidrigkeiten

(1) Ordnungswidrig handelt, wer vorsätzlich oder fahrlässig einer Rechtsverordnung ... zuwiderhandelt, soweit sie für einen bestimmten Tatbestand auf diese Bußgeldvorschrift verweist.
(2) Die Ordnungswidrigkeit kann mit einer Geldbuße bis zu zehntausend Deutsche Mark geahndet werden.

* unmittelbar geltendes Recht

SCHUTZ DER WASSERVÖGEL

Viele Wasservögel kommen von Jahr zu Jahr seltener vor. Manche Arten wurden als schädlich angesehen, vor allem die fischfressenden Vögel. Große europäische Kolonien von Kormoranen, Reihern und Pelikanen verschwanden nach Eingriffen in die natürlichen Bestände durch den Menschen. Diese Vögel sind in Europa nur noch an einigen Stellen, zum Beispiel im Donaudelta oder dem Delta der Rhone, relativ zahlreich vertreten, obwohl sie auch dort von den Fischern verfolgt werden und ihr Bestand ständig zurückgeht. Auch Meliorationen von Sumpfgebieten bewirkten, daß die dort lebenden Wasser- und Sumpfvögel fortgezogen sind. An verschiedenen Stellen Europas halten sich dank Schutzmaßnahmen kleinere Reiher-, vor allem Fischreiherkolonien; Kormorane nisten heute im Binnenland nur noch äußerst selten. Wasser- und Watvögel werden durch Trockenlegung von Sümpfen und Mooren aus ihren Heimstätten vertrieben, in denen sie ihren Zufluchtsort hatten und ihre Nahrung fanden. So wurde der Kranich aus West- und Mitteleuropa fast völlig verdrängt. Heute nistet er lediglich und auch nur selten in den Seengebieten der DDR und Polens. Aus Westeuropa ist er vollständig verschwunden. Auch viele Rallen und manche Limikolen sind an heute entwässerten und trockengelegten Stellen Mittel- und Westeuropas nicht mehr zu finden. Auch der Fischadler gehört heute zu den seltenen Vogelarten, ebenso wie andere, in Wassernähe nistende Raubvögel.

Alle Vögel sind ein Teil der Natur und der Mensch sollte das Ausrotten weiterer Vogelarten und auch anderer Lebewesen nicht zulassen. Eine ausgerottete Art läßt sich nie wieder ersetzten.

Um einen wirksamen Schutz der Wasservögel, von

denen viele Arten zu den Jagdvögeln gehören, sollten vor allem die Jäger selbst bemüht sein, denn zum Beispiel die Entenjagd würde in kurzer Zeit ihr Ende nehmen, wenn die Enten nicht geschützt wären. Ohne Schutz wären viele Vögel bald ausgerottet. Arten, die selten vorkommen und in manchen Gebieten nur vereinzelt auftreten, sollten überhaupt nicht gejagt werden dürfen. Es wäre wünschenswert, von Jägern vor Erteilung der Jagdbewilligung eine besondere Prüfung zu verlangen, um ihre Kenntnisse der Vogelarten nachzuweisen. Während der Nistzeit sollte auf Teichen, Seen und Tümpeln und an ihren Ufern größtmögliche Ruhe herrschen, um die brütenden Vögel nicht zu stören und es ihnen zu ermöglichen, ihre Jungen aufzuziehen. Große Schäden können auch vagabundierende Hunde anrichten, die die brütenden Vögel aufscheuchen, denn bei wiederholten Störungen verlassen manche Vögel ihre Nester für immer. Auch streunende Katzen sind für viele Schäden verantwortlich. Wichtig ist, für Enten geeignete Nistplätze in genügender Zahl und auch entsprechende Verstecke sicherzustellen. Enten, und natürlich auch andere Vögel, brauchen das Gefühl der Geborgenheit, das sie nur in den dichten Uferbeständen, im Röhricht, Schilf und Riedgras finden. Deshalb sollte auf jedem Teich ein zusammenhängendes vorjähriges Röhricht erhalten bleiben. Auch in den Seen, wo Schilfrohr gewonnen wird, sollten die Stellen unberührt bleiben, in denen Enten und andere Wasservögel vor allem im Frühjahr, wenn noch keine frische Vegetation existiert, Zuflucht suchen und sichere Verstecke haben. Das beste Lebensmilieu für Enten sind deshalb Gewässer, die nur zum Teil von Schilfrohr und niedrigen Riedgrasbeständen bewachsen sind. Alte Pflanzenbestände sind auch für Lappentaucher, Rallen, Möwen und andere Vogelarten geeignete Verstecke. Ein Teil solcher Bestände sollte an seichte Stellen grenzen, an denen dann vor allem die Jungen vieler Vögel ihre Nahrung suchen. Schilfrohr sollte nie während der Nistzeit der Vögel gemäht werden. Der Schilfrohrgewinnung in den Frühlingsmonaten fallen viele Gelege zum Opfer.

Als Nistplatz für die Enten sind eine Insel oder mehrere Inseln in einem großen Teich besonders geeignet. Stark bewachsene Inseln haben eine Reihe von Vorteilen. Die Enten, vor allem Tauchenten, bauen dort gern ihre Nester in der Nähe des Wassers, und da die Nester verhältnismäßig hoch über der Wasserfläche liegen, sind sie durch Hochwasser nicht gefährdet. Auch vor dem Raubwild sind sie auf diese Weise gut geschützt, und die Vögel werden bei weitem nicht so sehr gestört wie an den Ufern. Auch Riedgrasbänke an den Ufern sind für den Nestbau geeignete Stellen, die jedoch den Nachteil haben, daß sie bei höherem Wasserstand oft unter Wasser gesetzt werden. Bei Seen kommt es nicht so oft zu höheren Wasserständen oder Überschwemmungen und deshalb ist es vorteilhaft, im Röhricht, in Schilfbeständen oder auf Inseln Holzkästen aufzustellen, in denen viele Entenarten mit Vorliebe ihre Nester bauen, mit Erfolg nisten und ihre Jungen aufziehen können. Diese Nistkästen plaziert man am besten in einer Höhe über der Wasserfläche, die etwas über dem normalen Wasserstand liegt. Zum Einsteigloch befestigt man eine hölzerne Brücke mit Querleisten. Über diese Brücke können die Enten bei jedem Wasserstand leicht zum Nest gelangen, das so vor ungünstiger Witterung geschützt ist. Die Kästen sollten etwa 70 cm lang, 40 cm breit und 40 cm hoch sein und eine Öffnung mit einem Durchmesser von 12 bis 15 cm haben. Sie müssen gegen Nässe imprägniert sein. Die eigentliche Nistmulde, die durch ein niedriges Zwischenbrettchen abgeteilt ist, polstert man mit wenig Gras oder weichem trockenem Laub und Moos aus. Für Enten, die in Baumhöhlungen nisten, zum Beispiel die Schellenten, bereiten wir Nistkästen an Bäumen in unmittelbarer Nähe des Wassers vor. Diese Kästen sollten etwa 60 bis 70 cm hoch und etwa 35 cm breit sein und eine Einflugöffnung mit einem Durchmesser von 12 cm haben. Auch diese Nistkästen polstert man ähnlich aus und bereitet in ihnen eine flache Nistmulde vor, um das Fortrollen der Eier zu verhindern.

Auf Teichen kann man für die Enten auch flache Futtertröge anbringen, die entweder auf der Wasseroberfläche schwimmen oder an Holzpfählen in einer Höhe von etwa 30 cm über dem Wasser befestigt sind und Zugangsbrükken aus dem Wasser haben. Über dem Futtertrog bringt man ein Dach an, um das Naßwerden des Futters bei Regen zu verhindern.

Wenn man zu solchen, im ganzen gar nicht kostspieligen Maßnahmen greift, steigen die Bestände der Enten wieder an.

Aber auch dort, wo man nasse Wiesen oder Sümpfe trockenlegt, sollte man in einzelnen Gebieten Stellen im ursprünglichen Zustand belassen, um das Fortziehen von Wasser- und Sumpfvögeln, die dort ihre Heimat haben, zu verhindern und den natürlichen Charakter der ganzen Landschaft nicht zu verändern. Naturschutzgebiete mit Seen und Teichen und ihrer typischen Fauna und Flora sollten in keinem Land fehlen.

WEITERFÜHRENDE LITERATUR

Berndt, R. - Meise, W.: *Naturgeschichte der Vögel;* 3 Bände. Stuttgart 1959-1966

Blab, J., u. a.: *Rote Liste der gefährdeten Tiere und Pflanzen in der Bundesrepublik Deutschland.* Kilda-Verlag, Greven, 1984.

Brunn, B., - Singer, A., - König, C.: *Der Kosmos-Vogelführer.* Stuttgart 1972

Creutz, C.: *Geheimnisse des Vogelzuges.* Leipzig 1952

Gilliard, E. T. - Steinbacher, G.: *Knaurs Tierreich in Farben. Vögel.* München und Zürich 1959

Heinroth, O. - M.: *Die Vögel Mitteleuropas,* 4 Bände. 2. Aufl. Edition Leipzig und Harri Deutsch. Frankfurt a. M. 1966-1968

Makatsch, W.: *Die Vögel der Seen und Teiche.* Radebeul 1955

Makatsch, W.: *Wir bestimmen die Vögel Europas.* Radebeul 1966

Makatsch, W.: *Die Vögel in Feld und Flur.* Radebeul 1970

Mauersberger, G.: *Urania Tierreich. Vögel.* Leipzig-Jena-Berlin 1969

Niethammer, G.: *Handbuch der Vögel Mitteleuropas.* Bearbeitet von K. Bauer und U. Glutz von Blotzheim. Frankfurt a. M. 1966

Olberg, G.: *Vögel im Schilf.* Leipzig 1952

Peterson, R. - Mountford, G. - Hollom, P. A. D.: *A Field Guide to the Birds of Britain and Europe.* London 1971

Voous, K. H.: *Die Vogelwelt Europas und ihre Verbreitung.* Hamburg und Berlin 1962

NAMENREGISTER

Die mit * bezeichneten Vogelarten sind gesetzlich besonders geschützt, die mit ° gekennzeichneten unterliegen dem Jagdrecht.